テゲテゲごころの子育て記

藤井悦子
Fujii Etsuko

博進堂

もくじ

はじめに……5
第一章　煙突が燃えている町……11
第二章　「テゲテゲ子育てメモリー」誕生……25
第三章　ママ！　パパのかいチャ、くチャイね！……43
第四章　ママの自転車は四人乗り……57
第五章　今日はパパのお休み……65
第六章　万博に行けない我が家……77
第七章　ママ、病院に連れて行って！……89

第八章　パパはブラジルへ長期出張……105
第九章　東京へ……127
第十章　ATMを家に買おうよ……143
第十一章　ママのアルバイト……149
第十二章　楽しい運動会……167
第十三章　助け合う娘たち……179
おわりに……189
あとがき……195

著者と３人娘

はじめに

近頃家庭生活のあり方が原因となって、新聞やテレビを賑わす事件があまりに多いのに驚き、心を痛めています。

親としての自覚に問題があるのかどうか。はつらつと伸び伸びした心を育むことができなくなったような子供が増えていることについて、本当にこれでいいのかなという思いがつのります。

子供は宝です。古くは『万葉集』に、山上憶良が歌にもしています。

『銀《しろがね》も金《くがね》も玉も何せむに　まされる宝　子に及《し》かめやも』

それほど子供は親にとって、かけがえのない大切な宝なのです。

私が母親から教わった大好きな言葉に、親の恩は子に返せ」があります。親に大切に育てられたからといって、その恩返しをする必要はない。その気持ちをそっくりそのまま、子供への愛情として与えなさい、ということなのです。

行政が行う「子育て支援」の基金やシステムの整備など、早急に取り組まなければならないことも多々あると思います。それは政治の問題として、それ以前の親子の関係を考えてみたいと思います。

私は昨年、八十歳の傘寿を迎えました。もうこのような年齢になったのかという感慨を持ったのと同時に、今、私たちの世代の者が語らねばならないことが、いっぱいあることに気付きました。私は太平洋戦争終戦時に六歳でした。あの戦争の恐ろしさも、戦後の食糧難の時代もよく覚えています。

食べ物がなくて、サツマ芋の茎まで食料にしました。母は、よく言いました。

「お母さんは今おなかがいっぱいなの。だから、皆でお母さんの分も分け合って食べなさい」と。

その時代には、どんなに苦しくても、親が子を殺したり、子が親を殺したり、兄弟、姉妹同士の争いごともありませんでした。家族が協力し合って、堅い絆で結ばれていました。それは、両親の愛情がしっかりと子供に与えられていたからだと思います。

それにくらべて近頃はどうでしょう。親が子供に与える「虐待」の文字が新聞紙上等で目に付きます。その度に悲しくなり胸の塞がる思いがしますが、それは私だけではないと思います。この「虐待」という言葉をこの世から消し去るにはどうしたらいいのでしょうか。このことをいつも私は考えています。

子供がこの世に生を受けて誕生してくることについて考えてみましょう。そもそも成人の男性と女性がいて、(できれば正式な結婚がいいのですが) 二人が愛し合ってできるのが「愛の結晶」で、単なる遊びや快楽のために結果としてできた子供は、「快楽の副産物」と言ってもいいでしょう。でもどちらの場合でも、赤ん坊は人格をもった尊厳ある一人の人間として、この世に選ばれて出生してくるのです。親はそのことを否定するような行動を絶対にしてはなりません。

親は子供を産んだその日から、育児という重い荷物を背負って人生を歩くことになるのです。私は、「子供イコール宝」を念頭におきながら生活してきました。あるときなどは、子供のためなら自分の命も捧げてもいい、と思うようなこともありました。とくに母親にとって、子供は分身としての宝なのです。宝だと思えば惜しみない愛情を与えられると思うのです。これがまさしく「母性愛」だと思います。

育児中の子供は可愛いことを言いますし、あどけないしぐさもします。そのことを日記に書き留めておいたのですが、長女が三歳になったときには次女は一歳、三女はゼロ歳、つまり次女と三女が一年間に二人産まれてしまいました。まるで育児の戦場と化したような状態となり、毎日、日記を付ける余裕など無くなってしまいました。

そこで私は、母と子の会話やできごとをその都度メモすることにして、小さなノートをキッチンの引き出しに入れて置きました。そのノートを引き出しに入れて置きました。そのノートを「ママの四女のメモリーちゃん」と名付けました。

主婦は家事と育児と仕事に追われ、その忙しさに泣きたくなる時があります。そんなとき、引き出しからこのノートを取り出して、メモを読み返したりしていました。すると、気持ちが落ち着き元気が湧いてくるのでした。

傘寿を期に懐かしさも手伝って、「ママのメモリーちゃん」を読み返してみました。

すると、当時のことがありありと心に蘇ってきました。

私の育児、子育ての時代にくらべて、現代は飽食の時代にあります。けれども世の中が変わり、世情が変わっても、親子関係は昔も今も変わることはないと信じています。私の子育て奮戦記のメモを下書きにして書いたこの本が、子育てに苦労されている方々の参考となれば幸甚に存じます。

第一章　煙突が燃えている町

私が結婚したのは昭和三十九年でした。その年は東京オリンピックが開催された年でもありました。戦後の窮乏時代を耐え続けた国民が、そろそろ生産をあげはじめた消費物資に向かって、やみくもに飛び付いていった時代でもあり、世の中はようやく活気づいてきていました。また、新幹線が東京と新大阪間を初めて開通したのも、この年であったのです。

十月一日に私たち夫婦はピカピカの新幹線「こだま」に乗って、夫の勤務地である広島県大竹市に向かいました。乗車した熱海駅の新幹線のホームは、コンクリートが完全に固まっておらずに、歩くたびに靴のヒールで穴が開いたのを記憶しています。

新婚生活が始まった大竹市の空は煙に覆われていて、工場の煙突が赤々と燃え立っていました。初めて見るその光景の異様さに驚くばかりでした。夫に煙突が燃えている理由を聞きますと、製造の過程で副産物として発生した不必要なガスを燃やしているのだと言います。私は、あのような大量のガスを燃やしてしまうなんて、勿体ないことをするものだと思いました。あれが台所のガス台の火力として利用できたら、どれ程の量になるだろうかと、煙突を見上げながら思うのでした。単純な私の思考では、ただ勿体ないということだけで、あの炎がCO_2を排出して大気を汚し、地球温暖化の元凶になっていることなど、その当時は考える由もなかったのです。

新聞記事などを見ますと、島嶼国ツバルは温暖化によって海面が上昇し、国土そのものが浸水によって埋没してしまう脅威にさらされているといいます。二〇〇九年十二月、国連気候変動枠組み条約国会議がコペンハーゲンで開催されました。これは京都議定書（二〇〇八～二〇一二年）に続く二〇一三年以降の温暖化対策の枠組みを決めるのが目的でしたが、排出量を削減目標などの交渉が、先進国と発展途上国との間で十分ではなかったようです。

先進国の日本も、四、五十年前のあの当時は発展途上国であり、新興国であったわけですから、そのあたりの知識や技術などのノウハウを後発途上国とも連携して、新興国に積極的に働きかけ提供するべきだと思います。島嶼国ツバルの人々の悩みを、人類の未来の問題としてとらえ直さなければならないのです。温暖化対策の記事を読むたびに、あの当時の広島県大竹市の空を思い出し、私はそう思うのです。

大竹市は瀬戸内工業地帯にありましたので、風向きなどによって異臭を感じる日も多々ありました。社宅は、小高い丘の中腹に建っていました。窓からは瀬戸内の海が眺望できました。静かで鏡のような海面に、朝日や夕日が映えて輝き、異郷の地で暮らさなければならない私の心を和ませてくれました。海の幸、山の幸にも恵まれて、食べ物も終戦後の時代にくらべれば豊富にありました。社宅の敷地内に購買会があり、日常生活はそこで賄えました。衣服などの特別な物が欲しいときは広島市までバスで四十分ぐらいで行けましたし、山陽本線の汽車で出かけたりもしました。

夫の会社のことは一切、私には分かりませんでした。夫の口から仕事の内容など一度も聞いたことはありませんでした。毎日が忙しそうで、明るいうちに帰宅したことなどありませんでした。当時は「もはや戦後ではない」という言葉がもてはやされた時代となっていましたので、高度成長政策の波に乗り産業戦士の一員として、夫も働き蜂のように働きずくめで多忙な日々を送っていたのです。

社宅から会社までは距離がありましたので、夫は自転車通勤でした。工場は三交替勤務で、昼夜二十四時間稼働していました。社員である以上、工学博士であろうと学卒であろうと、二十代のときは三交替勤務が義務づけられていたのです。朝八時から午後四時までと四時から午後十二時、そして深夜の十二時から翌朝八時までとなっていました。そのローテイションに合わせて弁当を拵《こしら》えるのが、妻の私の仕事でした。当時は自家用車を買えるような経済力もありません。雨降りの深夜勤務は大変でした。夫は長靴に雨合羽姿の完全武装です。私はランチジャーの弁当にビニール袋を幾重にも被せて、自転車の前籠に入れ、玄関先で深々と頭を下げ、「気ヲ付ケッ行キャンタモンセ」と、丁重な鹿児島弁で見送ったものです。

昭和四十一年九月二十四日、初めての子供を出産しました。お産は私たち夫婦の出身地である鹿児島市の「昇病院」にお世話になりました。妊娠中はつわりがひどく、吐き気が止まらないことがありましたが、四、一〇〇グラムの大きな女の赤ん坊でした。

夫はその翌日、広島から病院に駆け付けて来てくれました。会社に休暇をいただいて、急行「きりしま」に飛び乗って来たと言います。わが子との初対面です。赤ん坊の大きさに驚いたようで、目を丸くしていました。

「お前は、でっかい子を産んだんだね。名前は敬子にする。いいだろう」

たった一言ベッドの上の私に声をかけると、にこにこして赤ん坊を眺めながら、ただ頷いているばかりでした。女性は出産のために、苦しく、痛く、大変な思いをします。私は夫から「ありがとう!」とか、「大変だっただろう!」と、ねぎらいの言葉を期待していましたので、ちょっぴりがっかりしました。照れ屋の夫にしてみれば、精一杯の感謝の気持ちの表現だったのかも知れません。

昭和四十三年九月二十七日、次女の典子が産まれました。長女の時と同じようにつわりがひどく、吐き気が止まらないことが度々ありました。初産の時は、夫は私の苦しむ姿をみかねて、背中をさすってくれたりしましたが、この度は、「まだ終わらないのか」と声を掛けるだけで、一度も背中をさすったりしてくれることはありませんでした。

次女典子も、体重四、〇五〇グラムの丸々肥った健康そうな赤ん坊でした。長女も次女もそれほどまでの難産ではなく出産できたので、安心すると同時に、「子育てなんてこんなものか」と高を括っていました。ところがその後、大変なことになったのです。

次女典子が産まれてやっと四ヶ月になったころ、私の胃がむかつき始めたのです。私は我慢ができなくなって、病院で診察を受けることにしました。するとお医者様から、おなかの中に新しい生命が宿っている、と告げられたのです。私は仰天しました。あのむかつきは、つわりだったのです。そのことが分かると、またまた吐き気がひどくなってくるのでした。

夫は「吐くのは俺のいない所でやってくれ」と、他人事のように不機嫌な顔をします。また、「九月に産まれるのだろう。いっぺんに三人も子育てが出来るのか」と、平気で冷たい言葉を投げ掛けてきました。

父親の子供に対する愛情なんてこんなものなのだ、と私は悟りをひらきました。母性愛を発揮して、何が何でも立派に子供を産んでみせますよ、と固く決心したのでした。

しかも私はこの時に、不思議に、女性に生まれてきたことを感謝する感情に陥っていたのです。私の胸の奥深くから、女は弱し、されど母は強し、という言葉が聞こえてきたのです。私の母が口癖のように私に言い聞かせていた金言だったのです。

「そうだ、母親となった今、私は誰よりも強いのだ。強い母親になろう」

と決心したのでした。

それからは夫がいくら冷たい言葉を浴びせようとも、びくともしませんでした。おなかの中の子は、私の味方のように思えてなりませんでした。すると、つわりも自然と消えてしまいました。

「パパ、あなたの前では吐くこと止めましたからね」

「そうか、それはよかったな」

「薩摩男子でしょう。もっと情があると思っていたのに」

「ママだって、薩摩おごじょだろうが」

「私は、おごじょではなく、もうすぐ三人の子供の母親です。薩摩の女は、母親となった日から強くなるのです。あなたは仕事人間ですから、仕事だけ頑張って下さい。子供の世話は、母親の私がしっかり致します」

昭和四十四年九月二十二日、玉のような男の子でなく、玉のような女の子が産まれました。体重は四、五〇〇グラムありました。これぐらい大きく産まれますと、最初に呑むのは白湯ではなく、いきなりミルクでした。夫は広島から鹿児島の病院まではもう来ませんでした。そのかわり、夫の母親がお見舞いに来てくれました。

「ウンダモシタン。マタマタ、オナゴンコネ！」

つまり、「まあ、また女の子だったのね」と、含みをもった語調で言うのです。

私もどう答えてよいのやら戸惑いました。鹿児島では、男子を産まない嫁は駄目嫁なのです。特に元士族は、男子がいないとお家がつぶれることになるので心配したのでしょうが、時代錯誤もはなはだしいと思いました。男女の産み分けは男親の

染色体に関係しているはずですから、私は詫びる必要はないと思い、笑いながら、

「そうですよ。そうですよ。また女の子でしたよ。可愛いでしょう」

と、答えました。

私の実家の母は、十一ヶ月の次女典子を背負って、二歳十一ヶ月になる長女の敬子の手を引いて病院に来ました。

「これは大変だね。……さあ、これからどうしたらよいだろうね。典子はまだ一歳の誕生日も来ないし、歩くことも出来ないんだよ」

と、これからの幼い三人の育児のことを、心底から心配してくれました。

「お母さん、〝女は弱し、されど母は強し〟でしょう。お母さんが、いつも言っていたではないの」

「そう、そう。その通りよ。……されど母は強し！　よね」

二人は声を立てて笑いました。敬子と典子はきょとんとしていましたが、訳の分からないまま、二人の子供たちも笑い出しました。

子供は親の宝だと思い、三女は珠代と命名したのです。

第二章「テゲテゲ子育てメモリー」誕生

昭和四十四年の暮れ、私は三人の子供を連れて、鹿児島から大竹市の社宅に戻ってきました。親子五人暮らしの生活が始まったのです。

私はそれまで毎日のように日記を付けていたのですが、子育てや家事に追いまくられてしまい、こと細かな日記などを書く余裕さえ無くなっていました。そこで、せめて、子供たちの可愛い言葉やしぐさだけは書き残そうと思い、普通のノートより規格の小さな帳面をキッチンの引き出しに入れて、いつでもメモることが出来るようにしました。その表紙には「メモリーちゃん」と記入してメモり始めたのでした。

我が家の一日は朝五時、私の起床から始まります。まず最初に、バケツに入れて置いた前日のおむつの下洗いをしてから、洗濯機に入れて水洗いをします。当時はまだ紙おむつはありませんでしたので、次女典子と三女珠代の一日分、四十枚を洗いました。しっかりと下洗いすることが大事だと思い、念入りに手で洗いました。冬の水は冷たく、手にはしもやけとあかぎれが出来ていました。

早朝の洗濯や炊事は、三人の子供たちが目覚めないうちに、物音を立てずに静かに行わなければなりません。しかし、一人の子が目覚めて泣き出すと、ほかの子も一緒になって泣き出すのです。三人の年がくっついているので連鎖反応を起こすのでしょう。

七時には朝食の支度が整い、夫のお昼の弁当と三女の珠代の離乳食が出来上がります。しかし、次女の典子はなんでも食べられるようになっていたのですが、珠代に離乳食をあげると同じように欲しがります。そこで、この二人は何でも同じように扱うことにしました。当時は今のようにいろいろな種類の缶詰がありません。自分で裏漉しをして作っていました。

朝食は、夫と私たち母子四人は時間差で席に着くことにしていました。その頃、夫は乗用車を手に入れていました。駐車場は社宅から少し離れた場所にありましたので、夫が食事をしている間に、私が社宅の階段の下まで車を移動しておくのです。夫は食事が終わると、その車に乗って出勤します。

この車の移動は忙しそうに働いている夫を見て、私なりに手伝うことはないだろうかと考えてのことでした。寒い冬にはエンジンをかけて車内を暖めておき、暑い夏は冷房を入れておきました。このような車の空ぶかしが大変いけないことであったことは、当時は考えの及ばないことだったのです。夫のためによかれとしたことが炭酸ガスをばらまき、地球を大いに汚していたのです。当時の「メモリーちゃん」を読み返してみますと、私自身の単純な思考に恥じ入るばかりです。せめてもの罪滅ぼしにと思い、現在の私は二十五パーセントという温暖化効果削減の数字を胸の奥に刻み込んでいます。

夫を会社に送り出してから、いよいよ母子四人の朝食が始まります。

一歳の次女の典子には、自分で食べてもらわないと、離乳食を三女の珠代に食べさせてやることができません。典子はお箸やスプーンを上手に使うことが出来ずに、食べ物をポロポロとこぼします。典子の椅子の下の床はたちまち汚れてしまいます。そこで、アイデアが湧いてきたのです。典子が赤ん坊のときに使用した入浴用のバスを使ってみようと考えてみたのです。バスの中に典子を座らせ、両端に板を渡してテーブルにしてやりますと、喜んで食べるのでした。

典子はスプーンやお箸、それに両手の指を使って一生懸命に食事をします。親の手を借りずに一人で食べることができるようになったのです。食事の後は、バスの底に散らかった食べこぼしを始末するだけで済みましたので助かりました。長女の敬子はまだ一歳なのに、お姉さんということを自覚していたのでしょうか、私をてこずらせることなく上手に食事をしてくれましたので助かりました。子供三人とも好き嫌いは一切なく食べてくれましたので、食事を作るのに張り合いがありました。

朝食が終わると、四人で購買会に買い物に行きます。主に夕食の準備の買い物なのですが、子供たちの遊びも兼ねていました。近くには自然がいっぱい広がっており、子供を遊ばせるには絶好の場所もたくさんありました。時にはお弁当持ちで、レンゲソウ畑に座って昼食をとったこともありました。レンゲソウでネックレスを作ったりして遊びました。

購買会からの帰りは大変でした。私の背中には三女の珠代がおんぶされています。両手は荷物でふさがっていますので、次女の典子の手を引くことが出来ません。典子は私のスカートに掴まりながら歩きます。

「ママ、わたチがおてつだいするから、リュックにいっぱいチュメてもいいよ」

三歳の長女の敬子が、そう言うのです。外出のときに、敬子はいつもリュックサックを背負っていました。

「ありがとう、敬子ちゃん。こんなにたくさんつめて重たくないの？」

「ううん、ちっともおもたくないよ」

「重たくなったら、ママに重たいようーと、言ってね」

「だいじょうぶ、だいじょうぶ。ママ、チんぱいチないで」

と、嬉しいことを言ってくれます。

坂道をのぼりながら、ふと、私のスカートを掴みながら歩いている典子を見ると、コックリ、コックリしています。

「さあ、ここで休憩しましょうね。みんなで、お歌を歌いましょう」

道端のあぜの草の上に腰をおろしました。ふと見ると、ゲンノショウコのピンク色の花が、可憐に咲いています。

「敬子ちゃん、これはゲンノショウコの花よ」

「ママ、ゲンノチョ……コって、なあに？」

「これはね、おなかのお薬になるのよ」

「こんなはっぱが、おクチュリになるの？」

「そうよ、おなかが痛い時のお薬になるのよ」

私が幼い頃に、祖母に連れられて田舎のあぜ道でゲンノショウコを採集し、それを陰干しにして煎じて飲んだことを、懐かしく思い出したのです。敬子は、この草花が薬となると聞いて不思議そうに眺めていました。

典子もすっかり目を覚まし、元気を取り戻したようです。瀬戸内の海が眼下はるかに、きらきらと輝いていました。私たちは大きな声で歌いました。私が歌うのを子供たちが真似て歌うのです。

みかんの花が咲いている
思い出の道　丘の道
はるかに見える青い海
お船が遠くかすんでる

ほんとうに、この歌の情景が私たちの目の前に広がっていたのです。歌詞を理解出来ないはずの子供たちも、その景色を眺めながら抑揚をつけて歌うのでした。

毎日の日課として子供たちはお昼寝をします。この昼寝の時間が私にとっては、私自身の自由時間になります。この時間こそなんでも出来るのです。しかし私は、この時間に体を休めることにしました。幼い子供三人を同時に育児することは、張り切り過ぎて、子育てという緊張の糸がプッツンと切れてしまいそうだったのです。四人一緒に横になって寝ることにしました。そして、一番遅くまで寝入っているのは母親の私でした。

「ママ、おきなさい。もう、おそとがくらくなっているよ。おなかがすいたよ」

と、敬子に起こされることも度々ありました。

「夕食を作るのも忘れて寝入るなんて、なんて駄目なママなのでしょうね。ごめんね」

と、子供たちに謝りながら起き上がります。しかし、これも健康管理のためだと思っていました。

鹿児島弁に「テゲテゲ」（大概大概）という言葉がありますが、私はこの言葉が大好きです。標準語に直そうと思っても、この言葉に当てはまる言葉は見つかりません。強いて当てはめるなら「ほどほど」でしょうか。私は子育てを「テゲテゲ」精神でやろうと決めていたのです。

車のハンドルには「あそび」があります。それがあるからスムーズに運転出来るのだといわれています。子育てにも「あそび」がないとやりきれません。何を為すにも心に余裕がなくては、途中で壊れてしまうのではないかと思うのです。完璧を望み過ぎると「あそび」がなくなり、心に余裕を失ってしまいます。

「テゲテゲ」精神の子育ては難しいことだとは思えましたが、〝過ぎたるはなお及ばざるが如し〟の格言も銘じていました。親がまず元気を出して、子供を可愛がっていさえすればよい。「良妻賢母」になって立派な子育てをしようと張り切ると、かえって子育てが難しくなってしまうだろうと思っていました。そう考えると、鹿児島弁の「テゲテゲ」は有り難い言葉に思えてなりませんでした。困ったときなど、「テ・ゲ・テ・ゲ」と唱えると、気持ちが落ち着いてきます。それが、私のストレス解消の抜け道だったのです。

さて、なんとかして子供たちに夕食を食べさせ終り、次はお風呂の時間です。社宅のお風呂場はとても狭くて大変でした。順番に一人ずつ入浴させたかったのですが、後の子が待ち切れずに、お風呂場のドアを叩いて泣き出します。そこで、四人一緒に入ることにしました。夫は毎日帰りが遅く、子どもたちのお風呂タイムには間に合いませんでした。

三女の珠代はまだ、座ることが出来ません。バスタオルを洗い場のタイルの上に敷き、その上に寝かせておきました。当然、珠代の顔にはお湯がかかります。でも、決して泣きませんでした。自分の両手で拭い拭いしながら我慢しているようでもあり、賑やかさを楽しんでいるようでもありました。赤ん坊でありながら、わが子のおおらかなしぐさを見て、私の気持ちも癒されました。

お風呂に入る前に、湯上りの子どもたちがすぐ眠れるように、蒲団をしいておきました。次女の典子と三女の珠代の蒲団には、おむつを広げて用意しました。典子は風呂から上がると、自分のおむつの上に裸のまま仰向けに寝て足を上げ待っています。典子におむつとパジャマを着させると、今度は珠代の番です。この間、長女の敬子のことは構ってやる余裕さえありません。敬子は一歳でしたが、自分のことは一人で出来るようになっていました。日曜だけは、夫がお風呂上りの手伝いをしてくれましたので助かりました。

母子四人で一緒にお風呂に入るのは大変なことでしたが、子供たちにとっては楽しい時間であったようです。裸で着がえの順番を待ったりもしましたが、寒い冬でも誰も風邪など引くことはありませんでした。

夫の帰宅は、だいたい決まって夜の九時でした。子供たちはもう寝ていますので、これからが夫婦だけの夕食の時間になります。私は家族のために一生懸命に働いて帰ってくる夫よりも先に、夕食をとる気にはなれませんでした。夫がどんなに遅くなっても待っていました。この習慣は夫が亡くなるまで続きました。夫は無口な人でしたが、私の作った料理だけには

「うまい！　おいしい」

と言って食べてくれました。育児と家事でくたくたに疲れていた私には、たったこれだけの一言が一日の疲れを吹っ飛ばす威力を持っていたのです。〝豚もおだてりゃ木に登る〟という諺の通り、私はおだてられるとすぐ調子に乗るという悪い癖があります。娘時代は勉強と本を読むことだけが楽しみで料理などほとんどしなかった私が、この頃から料理が一番好きになり、家族にはインスタントものはおろか、買ってきたおかず類などほとんど食べさせなかったのでした。

年を重ねるごとに一日暮れるのが早いと皆言いますが、私は若いときも今も変ら

ず一日は二十四時間では短いと思っています。せめて三十時間欲しいものです。

その一日の全ての終わりは、三人の子供たちの足と私の手首を、それぞれ三つの腰ひも（和服を着る時に使うひも）で結んで寝ることでした。

これも母に教わったことですが、子供がかぜをひくのは夜中に寝返りをうってふとんを蹴飛ばすからであって、まめにふとんをかけてあげればよいということでした。そのために私は、子供がふとんを蹴飛ばしたことがわかるように、ひもで結ぶことにしたのです。子供が動くと私の手首が動きます。そしたら私は目を覚まして、ふとんを蹴飛ばしている子供にかけてあげるという具合です。三人の子供が勝手に動くので、中々私は熟睡することは出来ませんでした。でも当時は私も若かったので、夜寝られない分は子供達と一緒に昼寝することだけで身体の調子が狂うようなことはありませんでした。夫とは三十七年間連れ添いましたが、一度も熱が出たこともなく、胆石の除去手術の他は寝こむような病気も一度もしませんでした。

これから後も健康で、三人の子供達になるべく迷惑をかけないように余生を送れることを願っていますが、それは理想であって、現実の高齢者多数と若者少数の社会では、バランスをいかにして保っていくかということは本当に難しいことだとつくづく思います。

第二章　ママ！パパのかいチャ、くチャイね！

幼稚園は春休みになりました。今日は四人で大竹の市街へ買い物に行くことになりました。昨日は夫の給料日だったからです。いつもは社宅内にある購買会で用は済むのですが、時々は遠出をするのが、私と子供たちの楽しみの一つとなっていました。

「ママ、きょうはバチュでいくのでチよう？」

「そうよ、皆でバスに乗ってお買い物に行くのよ」

「わああ、うれチいなあ」

子供たちは早朝から嬉しそうにはしゃぎ回っていましたが、四歳になった長女の敬子はお姉さんらしく妹たちの着替えを手伝ってくれます。

私たちは一時間に二本しか運行していないバスに乗り込みました。バスは瀬戸内海沿いに国道2号線を走り、夫が勤務しているレイヨンの会社の前を通り、大竹の市街地まで行くのです。

「もうすぐ、パパの会社の前を通るのよ」

と、子供たちに教えました。煙突からもうもうと煙を吐き出している大きな工場が、バスの窓から見えてきました。バスが静かに工場の正門のバス停に止まりました。そして、乗降のドアが開きました。

そのときです。三人の娘たちがいっせいに大きな声で叫んだのです。

「ママ！　パパの……かいチャ、くチャいね！」

「あっ、わかった。パパが、かいチャでウンチしているんだ」

すかさず、三歳の次女の典子が声を上げます。すると、満員の乗客が一斉に笑い出したのです。まだ三歳の典子にとって臭いものは、ウンチしか思い当たらなかったのでしょう。子供たちの突然の発言に私も驚き、恥ずかしくなって顔を赤らめてしまいましたが、本当に異臭が漂っていたのです。

夫は毎日、朝八時前には会社に着き、夜九時に帰宅するという日課を繰り返していましたが、決して会社の話はしませんでした。このような工場で働いていることは薄々知っていましたが、バスの中まで異臭が入り込んでくるとは、予想もしていませんでした。このとき初めて、大変な環境の中で仕事をしているのだと知ったのです。

これまで私自身、正直に言って夫の仕事に

ついて気にしていませんでした。しかしこの日、子供たちの言った「パパのかいチャ、くチャいね」の言葉が、私の心の奥にグサリと突き刺さったような感覚を覚えました。三人の娘達が父親の仕事場を心配して言った言葉ではなかったのですが、この発言によって、夫の仕事の大変さが分かったような気がして、それに気付かなかった自分が恥ずかしく思えたのです。

バスは大竹市の中心部に着きました。しかし、工場の異臭はここにも漂っていました。当時、大竹市には夫の会社以外にも大きな工場が数社あったのです。どこの工場からも煙を吐き出していたのです。大竹市は瀬戸内工業地帯の真只中にあったからです。

私たちは買い物をする前に銀行に寄りました。異臭から逃れるように、私は銀行の玄関に入り込みました。カウンターの前に立って、ふと振り向くと子供たちがいません。急ぎ足の大人の私の歩調に追いつけず、遅れてしまったのでしょうか。ロビーを探しますと、長椅子に三人は行儀良く座っていました。その三人が三人とも、靴を履いていないのです。近くに靴も見当たりません。

驚いて、言いました。

「敬子ちゃん、皆のお靴どうしたの？」

「ママ、ここはきれいなところでしょう。だからね、おくつをぬいで、きちんとおそとにそろえておいたの」

私は銀行の出入り口の外に出てみました。なるほど、ドアの前に三足の子供たちの靴が揃えて置いてありました。私はこの光景を見て一瞬戸惑いました。このようなとき、どのように教えたらいいものだろうかと考えていたのです。銀行のお客さ

んたちもこの小さな事件に気付いたようで、
私たちの回りに寄ってきました。

「敬子ちゃんは偉いね。ここの銀行の床がきれいだったから、悪いと思って靴を脱いだのね」

「うん、そうよ。きれいなところでは、ママ、おくつをぬぐのでしょう？」

「そうよ、偉いわね。だけどね、お靴を脱ぐのはお座敷に上がる時だけでいいのよ」

「ママ、おざしきにあがるときだけ、おくつをぬげばいいの」

「そうよ。そうよ」

と、褒めてあげながら靴を履かせてやりました。私たちの様子を見ていたお客さんたちも、事の顛末が分かったようで微笑んでいました。

私は結婚以来、夫から渡された毎月の給料袋の中から、その一割を貯金することにしていました。嫁ぐときに母が、「サラリーマンは収入が決まっているのだから、どんなに多くても少なくても給料の一割は貯金をしなさい。月の途中で収入はないのだからね」と、教えてくれた言葉を守っていたのです。

当時は給料袋で給料を頂いていましたので、現在とは反対です。銀行には一部を預けるために行くのであって、引き出すために行くのではなかったのです。

毎月の給料日は私にとっても、心ときめく日でした。その日の夕食には、夫にいつもの二級酒ではなく、一級酒を用意しました。それに夫の好物のお刺身と酢物のヌタを作っておきました。「今日はパパに感謝する日よ」と子供達にも教え、よそ行きの服を着せて、ご馳走を作ってあげました。

何時もは帰りの遅い夫も、この日だけは早く帰ってきました。そして、得意そうな顔をして、おもむろに給料袋を差し出すのです。食卓に着き、「パパありがとう」の声で夕食が始まりま

す。楽しい我が家のパーティでした。

やがて時代も変わり、給料は銀行振り込みになりました。給料日と分かっていても目の前に給料袋がちらつかないので、実感がわいてきません。そして、この日のための我が家のパーティもなくなってしまいました。

今考えてみますと、あの給料袋が姿を消したのは残念でなりません。正直なところ、私自身、夫の働きに対しての感謝の気持ちが薄れていったように思えてならないのです。古臭いと言われるかもしれませんが、給料袋は、働いた人にはそれなりの実感がわき、手渡された妻には感謝の気持ちが起きたはずです。その気持ちはとりも直さず、家庭の和や一体感のようなものへと膨らんでいったように思えます。給料袋はただの紙袋ではなく、働く人の汗と能力と家族の感謝の気持ちが染み付いていた袋だったのです。

その大切な「給料袋」は、夫が天国へ召されたときに、きれいな大きな袋にまとめました。そして「お父様ご苦労様でした。ありがとうございました。悦子―敬子―典子―珠代」とサインをして、棺の中の夫の枕にしました。


さて、私たち親子四人は銀行を後にすると、大竹の街のレストランで昼食をとり、買い物を済ませてから帰宅しました。

その夜、会社から帰ってきた夫と夕食をとりながら、今日一日の出来事を話しました。そして、あの悪臭の中で働くことは健康に悪いんではありませんかと、聞きました。

「子供たちは正直だね。だいじょうぶだよ」

「どうして、だいじょうぶなのですか？」

「公害、公害と騒がなくても平気なんだよ。その内、人間の体の方が公害に慣れてくるものなんだよ」

と平然として答えました。しかし、私には彼自身が自分を鞭打って頑張っている精一杯の言葉だとしか受け取れませんでした。

勤めから帰宅した夜、理由もなく機嫌が悪くなり私に当たることが度々ありましたが、私はいつも夫の健康が心配で、ドンと受け止めようと決心していました。

その後まもなくして、政府は公害を厳しく取り締まるようになりました。高度成長の波に乗って生産量を増やし続けてきた会社や工場は、安全や環境に力を入れなければならなくなったのです。公害を出さずに品質を高め、生産量を増やす……。夫は研究者、技術者としての最前線で、緊急且つ困難な命題に取り組んでいたのだと思います。

肺癌のため六十四歳で一生を終えた夫の遺影を見る度に、あの日、子供たちが大声で叫んだ、「ママ！　パパのかいチャ、くチャイね！」の言葉が、今でも生々しく蘇ってくるのです。

第四章 ママの自転車は四人乗り

自転車の三人乗りが、今問題になっています。それは、若いお母さん方が子供を自転車の前後に乗せて走るのは危険だということなのです。道路交通法の中には自転車の三人乗りはしてはいけないという条文はありませんが、どう考えても危険極まりないことだと思います。

でも私はあの当時、自転車に乗るときは四人乗りでした。ゼロ歳の珠代を背中におんぶして、一歳の典子を前に、三歳の敬子を後ろに乗せて走っていましたので、まさしく四人乗りだったのです。今考えてみますと、危険なことを平気で行っていたのです。人は誰でも若い頃は元気があり、動作も機敏に対応出来るものですから、このような無鉄砲とも思われることも出来たのです。不思議に一度も怪我や事故がなかったのは幸いで、本当に良かったと思っています。

当時は現在と違って車の交通量も少なく、それに住んでいた場所が広島の郊外でしたので、安全だったのです。しかし、運転を誤ったりでもしたら、横転などの事故で大怪我をしていたかも知れません。今考えますと、よくもあんなことをしたものだと、ぞっとします。

あるとき、道路工事をしているおじさんたちに、警告とも思われる言葉を投げ掛けられたことがありました。

「奥さん、全財産を乗せて走っていますね。気をつけて、こぎんさいよ」

私はこの言葉を聞いて、はっとする思いがしました。本当にその通りだったのです。私の大切な三つの宝を乗せて走っていたのです。

現在の若いお母さん方の中にも、前後にお子さんを乗せて三人乗りで走っている姿を見掛けます。その姿を見ますと、自分の若い頃のことを思い出すのです。そして、そうせざるを得ない事情に同情の念さえ起こるのです。皆だれでもが、心中危険を感じつつ、必死に自転車をこいでいるのです。その姿を見ると、「気をつけて頑張ってね」と、声を掛けたくなるのです。確かに、これらの行為は、子供にとっては危険なことです。かといって幼稚園や保育園に送り迎えするのに、下の子を家に一人置いておくのは、もっと危険なことなのです。

国や地方自治体でも、三人乗りは危険だということが問題となり、安全装置のついた自転車の開発に取り組んでいるようです。近頃、安全・安心を売り物にした自転車も市場に出てきました。しかし、これらはまだ値段が高くて、経済的に余裕のある人にしか買えない段階にあるようです。

このような実態に対して、私はこう考えています。

三人乗りでも安全な自転車にしなければならない、という法律まではいかなくても、そのような条例が出来たとして、各自治体は「貸自転車」を置くべきだと考えます。自治体の台所事情もあると思いますが、実際問題として高価な自転車は一部の人にしか買えないと思うのです。

また自転車の三人乗りが必要なのは、ごく短い時期だけです。子供はすく成長します。子供が小学生になると必要がなくなります。そうなったら、次の家庭へとバトンタッチをすればいいのです。このような方法はいかがでしょうか。

これらのことを、地方自治体の責任者の方々も是非考えて欲しいと思います。

子供の数が少なくなって少子化の危機が叫ばれている現在、子育てには様々な支援が大切だと思います。当時、安全性の低い自転車で私のように四人乗りをせざるを得なかった危険を犯すことを、今の若いお母さん方にはさせたくないのです。

近頃の街角で見掛ける三人乗りの母子の自転車を見る度に、私は自分の子育ての時代を思い出し、エールを送りたい気持ちになります。

第五章　今日はパパのお休み

いつもは休日も返上して会社へ出勤することの多い働き蜂の夫が、今日の日曜日はめずらしく家にいることになりました。こういう日は、子供たちをどこかに連れて行ってピクニックでもしたいと思っていました。しかし、夫は連日の勤務で疲れていることを、誰よりも私がよく知っています。ですから、私の方からは決して、遊びの話など言い出すことはありませんでした。ところが、朝食を終えた夫が窓の空を仰ぎながら、ぽつりと言ったのです。

「今日は天気がよさそうだ。桜も満開だろう」

「そうね。もう桜も満開のようよ」

私は声を弾ませて言いました。

「よし、比治山に桜を観に行こう」

と、夫は子供たちに話しかけるように言いました。

「パパ、お花見に行くの。今日はお出かけだよ！」

敬子が跳びはねるように大声を出します。

「うれしいな！」

典子と珠代が手を叩きます。

「パパ、少し待っていてね。すぐにお弁当を作りますからね」

と、私は弁当の支度にかかりました。突然なお出かけになりましたので、昨夜の残り物を利用して腕を振るいました。私も子供たちと同じように、浮き浮きした気持ちになっていました。そうだ、そうだ……世間は桜の季節なのだ……。子育てに追われていた私の気持ちに、明るい扉が開いたような思いが湧いていたのです。比治山の桜は広島市の名所で、新婚の頃に夫に連れられて行ったきりでした。子育て最中の私の頭の中は、桜を愛でる心の余裕すらなかったのです。

「珠ちゃん、ママがお弁当を作っている間に新聞を読むから、今日の新聞を持ってきて頂戴」

夫が二歳になったばかりの珠代に言います。

「パパ、今日の新聞よ」

珠代が積み重ねてある新聞の中から、今日の新聞を持ってきたのです。

「ありがとう。ああ……、今日の新聞だ。どうして、今日の新聞とわかったの？」

まだ字の読めない珠代に、夫が聞きました。

「あのね、この新聞は今日の匂いがするよ」

と、自信ありげに言うのです。

珠代は今日の新聞と昨日までの古い新聞を見分けるのに、匂いを嗅いだのでしょう。毎日が忙しい私は、新聞を読んだ後、あちこちにおいていたのです。その中から今日の新聞を選んだのです。古い新聞と真新しい新聞の印刷の匂いの違いに気付いたようです。我が子のすばらしい発想に、夫も私もただ驚くばかりでした。

私たち一家は夫の運転する車に乗り込み、比治山に向かいました。駐車場に車をとめ、小高い比治山に徒歩で登るのです。重箱に詰めた五人分の弁当と魔法瓶のお茶は結構な量で、嵩張ります。

突然、夫が言いました。

「おまえは珠代をおんぶしなさい。両方の手があかないと、弁当と典子の手を持つことは出来ないだろう」

「貴方は何を持つのですか？」

と、夫に問い返しながら珠代をおんぶしました。

「さあ、早くしろ。男は荷物は持てないよ。男が荷物を持って歩いたら、見苦しいものだ」

と、畳み掛けるように言うのです。私は夫の言葉に驚きましたが、子供たちが楽しみにしてきたピクニックの雰囲気が壊れてはいけないと、「忍の一字」で頑張ろうと思い、歩き始めました。

比治山は花見の客で賑わっていました。夫と長女の敬子はどんどんと前へ歩いて行きます。二人に追いつこうと、私は必死になって歩きました。珠代を背に、左手に典子の手を引いて、右手に重箱の風呂敷包みを持って、汗をかきながら歩きました。

「もしもし、奥さん。ちょっと、ちょっと、奥さん！」

誰かが大声で呼び掛けています。道々の出店に混じって、手相見の看板を掲げた小店から、髭をはやした年寄りの男の人が手招きしています。私を呼び止めようとしているのです。私の姿を見て

異様なものに見えたのでしょうか。それとも気の毒に思ったのでしょうか。それで、声を掛けられたのだと思いました。

「奥さん、その手を引いているお嬢さんを連れてきて、よく見てあげるから」

と、真剣な顔付きで言うのです。

「すみません。私は手相とか人相とか、そんなものは全然興味はありません。ごめんなさいね」

と、きっぱりと答えました。

「とんでもない。商売抜きだよ。あまりにも、そのお嬢さんがいい人相をしているので声をかけたのだよ」

「あら、そうなの……」

「この子は奥さんの宝だよ。奥さんはいい子を産んだね。大事に育てなさいよ。

怪我などさせたら駄目だよ。いや、いい人相をしているね」

「ありがとう、大事に育てます」

「そうしなさい。きっと、いいことがあるよ」

初めはうさん臭い手相見だと思っていましたが、自分の子が褒められて悪い気はしませんでした。

夫は、遅れて到着してきた私たちを花見の広場で待っていました。この自分勝手な行動に、一矢を報いようと考えていたのですが、手相見に我が子を褒められたことで、私はすっかりいい気持ちになっていて、気持ちが和んでいました。そして、親子水入らずの花見を楽しんだのです。

夫は薩摩の元士族の長男として育てられたそうで、「男の美学」ということを口癖のように言っていました。そのことを、彼は一生を終える最期まで貫き通した人でした。「女性の荷物を持ってあげるということは、男のすることではない」というのが持論でしたので、私は、夫が嫌がることはしてはいけないと思っていました。夫の内面を理解しようと心掛けていましたが、その心の内は分かりませんでした。

これは、後で聞いたことです。薩摩の男が荷物を持たず、いつも両手を空けておいたのには訳があったそうです。

薩摩の男は、人一倍家族は自分で守るという教育がなされていて、敵が襲いかかったときに、逸早く刀を抜いて家族を守らなければならない。そのためには、両手はいつも空けて歩かねばならないという習慣があったそうです。

でも、このような考え方は古い武士社会でのことであって、現代では通じるはずがありません。男性と比較して腕力の劣る女性に対して労りの心で接し、荷物など率先して持ってあげるのが真の武士道であり、現代のナイトと言えるのではないでしょうか。

第六章　万博に行けない我が家

昭和四十五年に大阪万博がありました。高度成長に突き進んでいく社会状況の中で、この万博には日本中が沸いていました。大竹市から大阪まで、さほど遠距離でもありませんでしたので、社宅の人達も家族連れで出かけていました。社宅の広場で、皆さんが楽しそうに万博の話をしているのを聞く度に、私も人並みに行ってみたいと思うようになっていました。

「ねえ、貴方。家族全員で万博に行きましょうよ」

二人で、遅い夕食をとりながら夫に話しかけました。すると夫は即座に、けんもほろろに言うのです。

「何を言っている。我が家は行かないよ。五人連れで行ってみろよ。夫婦で一人ずつ手を引くのはまあいいとして、君は珠代をおぶって荷物を持って歩くだろう。そうしたら、外国の人たちは、万博を見るより我が家の五人に気付き、変な日本人一家だとジロジロ見られるのだよ。私はそのような目で外国人に見られるのは嫌だ。だから、行かないよ」

と、夫はいつもの「男の美学」を滔々と述べるのです。彼流の持論に辟易しながらも、夫に従いました。

若くて元気な私には、子供をおぶり両手に荷物を持って歩くことぐらい平気でした。しかし、夫には体力よりも「男の美学」が耐えられないことだったようです。この様な夫婦の見解の相違は今までも度々ありましたが、この時ほどがっかりしたことはありません。その夜、家族が寝静まった後、私は「メモリーちゃん」を開いて、涙を流しながらメモるのでした。

その翌朝、目覚めると、「人間はあきらめが肝心」と自分に言い聞かせるように胸を叩き、気持ちを入れ替えることにしました。そして、三人の子供たちを連れて隣県の岩国市まで、ケーキを買いに遠出することにしました。子供たちも大喜びでした。列車の窓から見える遠見の瀬戸内海がきらきらと輝き、私の気持ちを癒してくれました。子供たちも楽しそうで、にこにこしています。その笑顔を見ていると、胸の奥から幸せな感情が突き上げてくるのを覚えました。

そして、その日の夕方のことです。家に帰ってきた私たちは食卓につきました。

「さあ、おいしい、おいしいケーキを食べましょうね」

「いただきます。ママ、このケーキすごくおいしいね」

「おいしい、すごくおいしいよ」

子供たちは口のまわりや頰っぺたに生クリームをいっぱいつけて、笑顔もいっぱいに食べています。

「ママ、パパのケーキは別にとってあるのよね」

突然、長女の敬子が大声で聞きます。私はハッとしました。実は、万博に連れて行ってくれない夫の分など、考えてもいませんでした。私の分は半分食べていましたので、残りはありません。でも、子供たちにパパの分は初めから無いとは言えません。私の笑顔が一瞬引きつってしまった感じがしましたが、次の言葉がひらめいてきました。

「パパの大好きなケーキが、今日は作ってないとケーキ屋さんが言ってたの。だからね、明日取りに行くのよ」

「そう、よかった。パパがかわいそうだもんね。パパは私たちよりもっと大きなケーキの方がいいのよね」

と、敬子が安心したように言います。ほかの二人も納得したように頷き返していました。子供たちには絶対に嘘をついてはいけないと、厳しくしつけている私自身が嘘をついてしまったのです。その後ろめたさを引きずりながら、翌日、敬子と典子が幼稚園に行っている間に、近くのお菓子屋さんからパパのケーキを買ってきました。私は、純真な子供たちに嘘をついたことを心の中で詫びていました。

実は、このようなことが一ヶ月前にもあったのです。

鹿児島の私の母からデパートの全国共通の商品券が送ってきました。例によって、家の乗用車に子供三人を乗せて、広島市のデパートに買い物に行こうと考えていました。しかし、このことを夫に大っぴらに言うことができません。私は車の運転にはそれなりの自信がありましたが、夫はそうは思っていないようです。私の運転技術を危惧しているようです。子供たちを乗せて事故でも起こしたら大変だから、運転はするな、と口癖のように言います。もし、このことが夫に知れたりしたら、夫は怒るだろうし、そのことが心配なので子供たちに口止めしようと思いました。

「敬子ちゃん、今日は幼稚園がお休みだから四人で広島に行くけど、広島に行ったことはパパには黙っていてね」

「うん、わかったよ。だまっているよ」

子供たち三人は、遠くまでお出かけということで、嬉しそうにはしゃぎ回っています。私もすっかり安心していました。

買い物を終えて、夕方早く帰ってきました。子供たちが夕食を終えてから、夫の食事の準備をしていたときのことです。子供たちはまだ寝る時間には早く、起きていました。夫がめずらしく、早く会社から帰ってきたのです。いつもは子供たち三人が寝てから帰ってきますので、こんな日はめったにありません。子供たちは嬉しそうに玄関で夫を迎えました。

敬子の声は一段と大きいので、キッチンの私の所までよく聞こえます。

「パパ、おかえりなさい。あのね、わたしたちは今日、広島に行ったと思う？　それとも行かなかったと思う？　さて、どちらでしょう」

「さあ、どちらかな。うん、それは難しい問題だな。この問題は難しいから、二、三日考えてみるね」

二人の会話はそこで途切れて聞こえなくなりました。夫はその後、このことに触れることはありませんでしたが、私は子供たちに対して、なんと情けない母親だと思い、胸のふさがる思いがしました。

翌日、敬子に聞きました。

「敬子ちゃん、ママと約束したことをどうしてパパに言ったの？」

「あのね、ママ。私は広島に行ったとは言わなかったでしょう。行ったか、行かなかったかをパパに聞いただけだよ」

敬子の気持ちは複雑だったことでしょう。葛藤したことでしょう。母親には父親に言ってはいけないと言われ、かといって、今日一日の楽しかった喜びを父親に話したくて、どうしようもなかったのです。

子供たちにこのような心配をかけた自分は駄目母親だと、反省をしました。子育てに、夫婦間でのトラブルを、身勝手な理屈をつけて子供たちに押しつけてはいけないことを悟ったのです。

「三つ子の魂百までも」という諺がありますが、小さい時に覚えたことは、良い事も悪いことも死ぬまで覚えているということですから、大人は子供に良いことは教えても悪いことは決して教えてはいけないのです。敬子はあの日のことを今でも覚えているだろうなあと思うと私は恥ずかしい気持になってしまいます。

とうとう大阪万博には夫の「男の美学」とやらが邪魔をして、行くことは出来ませんでしたが、その二年後、新幹線に乗って東京見物がかなえられました。それは夫が会社の出張で一年間ブラジルへ行くことが決まったからです。会社はプラントをブラジルの会社に買ってもらい、それを運転させるために、指導者を数人送ることになりました。

私は一年間夫と別れ別れに暮らすことの大変さよりも、新幹線に乗って親子で東京に行き、羽田から出発する夫を見送ることの方がうれしかったのです。

第七章　ママ、病院に連れて行って！

とても天気のよい日でした。三人の娘たちは社宅の庭で遊んでいます。子供たちの元気な声が部屋まで聞こえてきます。社宅の子供たちが、皆で仲良く遊んでいるようです。しばらくしてから、長女の敬子が息急き切って帰ってきました。

「ママ、ママ、ひろみちゃんはまた病院に行ったよ。わたしも病院に行きたいの。ねえ、わたしも連れて行って！」

「どうして病院に行きたいの？　病院はね、病気の人が行くところよ」

「病気にならないと、病院に行ってはいけないの？」

「そうよ。病院にはお医者さまがいて、病気の人に注射をするのよ」

「ママ、注射ってこわいの？　ひろみちゃんはピンクのお薬がジュースみたいだと言っていたわよ。わたしもほしいなあ」

これには、私もどのように答えていいのか困ってしまいました。これまで幸いなことに、我が家の三人娘は病気をしたことがありませんでしたので、注射が痛いということを知りません。また、咳止めのピンクの水薬はジュースだと思っていたのです。

「病院には元気な子は行ってはいけないのよ。お薬はジュースとは違うのよ。あれはね、色はピンクだけど、とっても苦いのよ。だれかがお咳がでたら病院に行きましょうね」

と、敬子に言い聞かせました。

ところが数日後のことです。次女の典子が、コンコンと咳をし始めたではありませんか。熱を計ってみると三十六度三分の平熱でしたので、私は安心していました。しかし、敬子は鬼の首でも取ったかのように大騒ぎをして、私を急き立てます。

「ママ、ママ、大変よ。典子が咳をしているよ。ねえ、お約束でしょう。早く、病院に行きましょうよ」

私は、やれやれ大ごとになったなあと思いました。三人の娘たちの頭の中には、ピンクのジュースのことが気になっていたに違いありません。

私は娘たちを車に乗せて、病院に向かうことにしました。病院は広島県と山口県の県境の川沿いにありました。子供たちの定期的な健康検診で幾度かお世話になったことのある、角井先生に診て貰うことにしました。私は、少しの咳ぐらいで子供を連れてきたことに申し訳なく思い、謝るような気持ちで畏まっていました。

すると突然、敬子が大声で、元気よく言ったのです。

「せんせい！　妹が咳をしていますのでピンクのお薬をください」

私は驚いて敬子を制止しました。

「はい、はい、分かりました。お薬をあげますよ」

と先生はにっこりと笑って、子供たちの頭を撫でるようなしぐさをしました。私は子供たちの気持ちが分かっていましたので、身のすくむような思いでいました。

家に帰り着くと、子供たち三人に留守番をさせて、社宅の購買部に夕食の食品を買いに行きました。そして、急いで帰宅したのですが、驚きました。咳止めの水薬が空になって、瓶だけが食卓の上に置いてあるのです。私は、水薬を子供たちの手の届かない整理ダンスの上に置いて、買い物に出かけた筈なのです。

「ママ、ピンクのお薬おいしかったよ。三人で分けて、ぜんぶ飲んじゃったよ」

敬子がにこにこしながら言うのです。

「敬子ちゃん、どうやってタンスの上からお薬を取ったの？」

と言いながら見に行きました。そして、二度びっくりしたのです。タンスの引き出しを下の段から引いて階段状に作ってありました。きっと、それに上って瓶を取ったのでしょう。さあ、それからが大変でした。いくら三等分して飲んだからといっても、ジュースではありません。一目盛りずつ飲む薬です。二人の妹たちにも分けてやった敬子だけを叱ることも出来ずに、病院の角井先生に電話をしました。

「大丈夫ですよ。大した風邪でもないと分かっていましたので、薄くしておきました。少し眠くなるかも知れませんが、死ぬようなことはありません。心配することはありません」

と、先生は電話の向こうで笑いながら応答してくれました。なるほどその後、三人は気持ちよさそうに眠ってしまいました。タンスの上に置いたら子供の手は届かないだろうと思っていたのですが、子供は子供なりに、欲しいものがあったら工夫をするものだということが分かり反省しました。

角井先生は当時、六十歳は超えていらっしゃるとお見受けしました。いつお伺いしても、物腰の優しい、紳士的な、感じのいいお医者さまでした。病気をすることがほとんど無かった我が家の三人娘たちでしたが、一度だけ、先生に大変なご心配を掛けてしまったことがあります。

それは、三女の珠代が一歳六ヶ月検診に行ったときのことでした。検診が終わって待合室で待っている娘二人のもとに戻ってみますと、次女の典子がいません。

「敬子ちゃん、ノンちゃんはどこに行ったの？」

「えっ、今までそこに座っていたよ。あら、どこに行ったのかなあ」

敬子がそう言います。一瞬、私の背中を冷たいものが走り、自分の顔面が蒼白になっていくのを感じました。

「ノンちゃん！　どこにいるの！」

私は、ありったけの声で叫びました。ただならぬ私の様子に、待合室の人たちも気付いたようで、探し始めてくれました。看護婦さんも、角井先生も、診察室から出てきてくださいました。皆さんが手分けして病院の内や外を探してくださいましたが、見つかりません。

「そうだ、少しでも早く警察に電話をした方がいい。早速、連絡しましょう」

角井先生はそうおっしゃりながら、診察室に入って行きました。すると、間もなくして警察官が駆け付けてきてくれました。

病院のすぐ下を小瀬川が流れています。警察の方々は、重点的に、この川の土手を探してくれました。時間は刻々と経っていきます。しかし、見つかりません。

「奥さん、川ざらえをする網も持ってきましたので、家で待っていて下さいよ」

警察の方のこの言葉に、私はその場にへなへなと座り込んでしまいました。夫は東京の本社に出張中でしたので連絡できません。ようやく、長女の敬子と三女の珠代を車に乗せて、家に帰り着きました。二人の娘は家に着くと、すぐに昼寝を始めました。疲れていたのでしょう。その寝顔を見ながら、涙が止めどなく流れてくるのでした。そして、典子の無事を、神様や仏様に必死の気持ちで祈っていました。

それから一時間経った頃でした。電話のベルが鳴りました。私は反射的に立ち上がりました。心臓が止まるような思いで受話器を耳に当てました。

「こちらは大竹の警察ですが……」

「子供は無事だったでしょうか？」

「もしもし、藤井さんですね」

「はい、そうです。子供は……？」

「お子さんの名前はノリコちゃんですね」

「はい、そうです。それで典子は見つかったのでしょうか？」

「まあ、落ち着いて下さい。お母さんですか？」

「はい、そうです。典子の母です。私の子供は……？」

「お母さん、ノリコちゃんは無事でしたよ」

「ありがとうございます。それで、今、どこにいますか？」

「大和橋のラーメン屋にいますよ」

「えーっ、ラーメン屋ですか？」

「そうです。おなかが空いていたようで、おいしそうにラーメンを食べていますよ」

私は受話器を握り締めたまま、突然、大声で泣き出してしまいました。涙が後から、後から溢れ出てきました。

「お母さん……、いや、奥さん！　聞いていますか。ノリコちゃんは一人で店に入ってきて『おなかが空いています。ママはすぐに来ます』と言ったそうですよ。ママが見えないので警察に電話がありました。よかったですね」

「ありがとうございました。……」

あまりの嬉しさに、お礼の言葉さえ失っていました。それから間もなくして、お巡りさんが典子をパトカーで送ってきてくれました。

翌日、私は警察や角井先生、ラーメン屋さんなど、お世話になった方々を訪ねてお礼を申し上げに伺いました。

そして出張から帰ってきた夫には、このことは秘密にしておこうと決めました。それは次のような理由からでした。

私たちはお見合い結婚でした。それもわずか一週間で決まったのです。結婚当時は、同じ県民同士ですので、気心も合うだろうと確信していました。家事や育児なども、夫婦二人で協力し合えばうまくいけると思っていました。しかし、夫は「会社人間」そのものの人でした。男は一生懸命になって会社の為に研究もし、そして働き、それに見合った給料を貰い、そのお金で家族を養う。それが男の甲斐性だと信じていたようです。ですから、会社の為になることなら昼夜を問わず精出して働いていました。それに対して、家事や育児は女の妻のする仕事だと決め付けていましたので、私が忙しそうにしていても、いっさい手伝うようなことはありませんでした。育児のことで相談などすると、不機嫌になります。

典子が行方不明になり、警察のお世話になったことを夫に話したとしたら、理由も聞かずに一方的に怒り出し、修羅場になることは自明のことでした。家族が警察のお世話になったことを知ったら、それこそ彼の持論である「男の美学」が傷つけられることになり、妻の私を許すことはなかったでしょう。その醜い夫婦喧嘩を子供たちの前では見せたくありませんでした。家族の大事な事柄を夫には話さず秘密にすることは心苦しく思いましたが、それでいいのだと自分に言い聞かせていました。

その日の「メモリーちゃん」には、「よかった！　よかった！」とだけ書いてあります。

私たち夫婦は、夫が病死するまで三十七年間、一緒に暮らしました。その間、一日の出来事をあからさまに話したばっかりに、大きな夫婦喧嘩となり、子供たちに心配をかけたことが幾度もありました。夫婦の間ですから、なんでもオープンな気持ちで話したいのですが、それが夫の「男の美学」を傷つけたり、煩わしく思わせたりして、争いのもとになってしまったのです。そのような夫婦間の体験から「知らぬが仏」という諺を思い付き、実行してしまいました。

夫婦生活で大事なことはお互いの気持ちや人格を認め合うことだと思いますが、私の場合は相手の性格を知り、それに対応することでした。また、夫婦間にも演出が必要であることにも気付きました。

車のハンドルにも遊びがあるように、夫婦、親子間にも遊びが必要だと知ったのです。特に子育てにおいては遊び、すなわち、気持ちの余裕が必要だと思うのです。あまり完璧に育てようとすると、子供が思いがけない行動をとったときに、親は悩んだり、イライラした気持ちになったりします。そのような時、私はつい子供に当たりました。それがいけなかったのです。「明日は明日の風が吹く」という諺があるように、気持ちを切り替えて今日の失敗は忘れ、明日の太陽が昇ってくるのを待つ気持ちになればいいのだと、そのように努めようと考えるようになりました。

第八章 パパはブラジルへ長期出張

長女の敬子が幼稚園の年長組に、次女の典子が年少組に通っていたときのことです。突然、会社から夫にブラジルへ長期出張の辞令が下りました。期間は一年間ということです。会社の決まりで、一年を越えると転勤になりますが、一年以内は出張扱いになるそうです。夫は一人でブラジルへ行くことになりました。これまでもヨーロッパのオーストリアなどに度々出張していましたが、いずれも短期でした。今回は、一年間の単身赴任をすることになったのです。

実は、私はこの話を夫から初めて聞いたとき、なぜか淋しい感情は湧きませんでした。それどころか、ほっとした気持ちになっていました。世間では「亭主元気で留守がいい」と、ふざけたことを言う人がいますが、それは長年夫婦生活を営んだ人の中年以上の妻の言う言葉です。まだ若い、私のような人間の言う言葉ではない筈なのです。しかし正直なところ、亡くなった夫には本当に申し訳なく思うのですが、一年間夫の世話をしなくてもよいと考えるだけでほっとしていました。それに、子供たちと私だけの生活はどんなに楽しいだろうと、全く不謹慎な気持ちが私の胸をよぎっていたのです。あの当時、夫の苦労を思いやらない自分勝手な駄目妻であったわけです。

ブラジルへ長期出張のために東京本社で準備をしていた夫から電話がありました。

「私を見送りたいなら、子供たちを連れて、東京の羽田空港に行けばよい。家族とは一年間、会えないのだからな」

「大竹から羽田まで行っていいのですか？」

「それはいいさ。子供たちとも会いたいから」

「分かりました。連れて行きます」

東京に行くと聞いて、子供たちは大喜びしました。私自身も浮き浮きした気持ちになっていました。それは、新幹線に久し振りに乗るからです。昭和三十九年十月に熱海まで新婚旅行に行きましたが、そのときに乗ったきりだったからです。そして今回、昭和四十七年の九月には、敬子六歳、典子四歳、珠代三歳になっていましたので、子供をおんぶする必要がありません。きっと、気楽な旅が出来ると思いました。

その頃はまだ成田空港はありませんでしたので、国際線も羽田から飛んでいました。税関や荷物の検査などもガラス張りで、見送りの通路から中が素通しで見えました。

夫は新調の背広に身を固めて、溌剌としていました。自分は会社を代表する企業戦士の一人だと自負していましたので、疲れたような顔や振る舞いは見せません。家の中で見せる夫の素顔とは全く別人のようでした。見送りに来ていた会社の人たちに対しても、彼の持論の「男の美学」を意識して行動しているように思えました。

「パパがいるよ。パパがいるよ。パパかっこいいね」

敬子が驚いたような声を出しました。

「パパかっこいいね。パパかっこいいね」

典子も珠代もはしゃいでいました。

やがて、夫を乗せた飛行機は滑走路に移動すると、一気に初秋の大空へと離陸し始めました。私たちはターミナルビルの窓越しに、機体が見えなくなるまで手を振りながら見送りました。

その夜、私たち親子四人は、東京の弟の家に泊めてもらいました。そして東京見物を五日間楽しんだ後に、大阪の弟夫婦と和歌山の椿温泉で落ち合い、ここで三日間遊んで大竹に帰ってきました。一週間以上もの旅行でしたが、三人の幼い子供たちは熱も出さずに、元気に旅を楽しんでいました。弟たちからも、「子供にとっては長旅だったのに、本当に元気でいい子供たちだね」と褒めてもらい、子供たちも嬉しそうにしていました。

ブラジルの夫からは、定期便のように電話が掛かってきました。また手紙も送ってくれました。日本と違う底抜けに明るい陽気な国民性にようやく慣れてきたようで、旅行なども楽しんでいるようでした。

夫の海外生活も順調に滑り出したとの知らせを受けてほっとしている頃、鹿児島市の私の両親から電話がありました。

「悦子、おまんさあは一人で、こまんか子を三人も育てるのは苦労じゃがね。カゴイマに帰ってきやんせ、旦那さんがブラジルから帰ってくるまで、お母さんたちと一緒に暮らしもそ。なんの遠慮もいらんとよ。そげんしやんせ」

私が幼い子供たち三人を一人で育てるのに苦労しているのだろうと、気遣ってくれた両親からの誘いでした。

「お母さん、まこてありがとう。ちょっとの間、考えさせてくいやんせ」

予期せぬ両親の申し出に、ぐいと込み上げてくるものを感じていました。その私の顔を見て、敬子が心配そうに聞くのです。

「ママ、どうしたの？　涙が出ているよ」

「あのね、鹿児島のおじいちゃん、おばあちゃんがこっちに来ないかと言ってきたの」

「それで、どうするの？」

「どう、しましょうね」

「私はどっちでもいいよ」

鹿児島の私の実家には、まだ独身の弟が二人もいます。家は広いのですが、即決出来かねていました。

それから数日後の朝のことです。目覚めた敬子がキッチンの私の所に来て、突然に言うのです。

「ママ、パパがいないとさびしいの？」

「……」

「私はね、朝起きたらパパはもう会社に行ったと思うし、夜寝るときにパパがいないのは、まだ会社から帰ってきていないのだと思うから、ぜんぜんさびしくないよ」

と、私を慰めるような口調で言います。私は、自分では淋しいことなどないと強がっていても、感性の強い六歳の敬子は、私の気持ちを見透かしているようでした。

「ママ、鹿児島へ行こうよ。おじいちゃん、おばあちゃんの家でパパの帰ってくるのを待っていようよ。私、鹿児島の幼稚園に替わってもいいよ」

という敬子の言葉に背中を押されて、やっとその気になりました。私の両親の気持ちは嬉しいのですが、子供三人を引き連れて実家の厄介になることを思うと、なかなか決心が付かなかったのです。それに敬子と典子の幼稚園のことも気掛かりだったからです。でも、子供は順応する力が大人より優れているということを感じていましたので、鹿児島へ行こうと決心しました。

実家は父母と独身の二人の弟の四人家族でしたが、私たちが転がり込むことで八人の大所帯となりました。弟の一人は小児科医でした。子供たちが病気の時は安心だと思っていましたが、三人とも病気などすることはありませんでした。弟たちは子供たちを可愛がってくれました。弟たちが仕事を終えて帰ってきて、車庫のシャッターを開ける音が聞こえると、三人揃って迎えに行きます。現在でも、弘叔父さんと哲叔父さんが家に帰ってきたときの嬉しい気持ちが、思い出されるそうです。

ブラジルの夫からは月に二回の電話と手紙が送られてきました。それは判を押したように日時まで決まっていました。夫には、一度決めたことは絶対に変えない習性があったようです。家具なども、置いた場所を決めたら移動することをとても嫌がりました。反対に私は、馬鹿力を出してすぐ違う所に移動させるのが好きなものですから、些細なことで喧嘩になります。喧嘩の後の私の捨て台詞はいつもこうでした。

「一度自分の嫁にしたから変えないで、私をずっと嫁だと思っているだけなのね」

これに対して、夫は黙ったままでした。さて、私の方からもブラジルの夫にはよく手紙を出しました。内容は子供たちの生活の様子の報告が主でした。私自身の夫に対する情緒的な気持ちなども書けばよかったのでしょうが、止めました。夫は理科系の人ですから、一プラス一は二にならなければならないのです。反対に私は、一プラス一が三になったり五になったりしても構わないと思っていましたので、甘い言葉など夫には通じないと思っていたのです。それで、私の手紙は何時も、味気無い報告文のようなものでした。

実家には犬が二匹、猫は五匹もいました。大竹の社宅ではペットを飼うのは禁じられていましたので、子供たちは大喜びでした。敬子は幼稚園にもすっかり慣れて、毎日楽しそうに歩いて通いました。典子は年少でしたので、幼稚園には行かず、ピアノだけ続けました。やがて二月になりました。三月には敬子が幼稚園を卒園し、四月から近くの鹿児島市立原良小学校に入学することになっています。幼稚園のクラスの友達もほとんど全員が同じ小学校に入学するということでしたので、心配はしていませんでした。しかし、夫は海外勤務をしていますので、両親が揃って我が子の入学の晴れ姿を祝うことができません。夫もさぞ気掛かりになっているだろうと思っていました。そんな矢先に手紙が届いたのです。

前略

長い間ご無沙汰して申し訳ありません。

その後、変わりなく元気な毎日を送って居るとの由、私も安心して居ります。先日の二月八日付きの手紙によると、珠代が風邪を患ったらしいですが、それもすぐ治ったとの事で君をはじめ家族全員健康に恵まれているという事に対しては、小生も大変有り難く思って居ります。但し、健康であるという事と肥っているという事とは少し意味が違うのです。

小生の方は相変わらずの毎日を送っています。当地は現在暑い日が毎日続いて居りますが、暑さに慣れたせいか最近それほど暑いとは思わなくなりました。

先日の日曜日の夕方、海岸を散歩していると大西洋（太平洋ではない）の水平線の彼方から満月が昇ってきました。それを見ていると、やっぱり日本の事が懐かしく思い出されてきました。ですが、見ている方角は日本とは全く逆のヨーロッパの方を見ている訳です。

ところで小生の帰国の件ですが、なかなか思うようにはなりません。小生の場合、仕事の契約上色々難しい問題があり、今のところはっきり決まって居りません。はっきり言えることは、まず三月中は絶対に帰れません。ブラジル側は小生の更なる長期滞在を希望してきましたが、小生としてはブラジルに長く居るつもりはないし、別にオーストリア関係の仕事を持って居るので長期に滞在することは出来ません。この事については複雑な契約上の問題もあり、現在、Mレイヨン本社の指示待ちの状態です。従ってブラジルの仕事が仮に早く終わったとしても直接日本へは帰れないでしょう。ヨーロッパにしばらく滞在して帰る事になりそうです。

君には誠に申し訳ないが、今のところ小生の帰国は六月過ぎと考えていて下さい。実は小生もこの事については深刻に悩んでいます。正直に言って一晩眠れない夜もありました。最初の契約では三月で帰国できる予定でしたが、しかし、ブラジル側の要請を拒否することも出来ないわけです。

仕事が大事か家庭が大事かという問題になりますが、やはり小生の手腕を認めてくれた上での延長を要請されると、それをむげに拒絶することには抵抗があります。

我々アクリル分室から何人か来ていますが大部分の人は二月、三月で帰国します。

私だけ一人残されたようで非常に淋しい気持ちはしていましたが、相手が希望するなら一つ頑張ってやれという気持ちになって居ります。

しかしながら一応現在、本社の意向を打診中ですので指示次第では変わるかもしれません。ここに来て、今小生がやって居る技術輸出の仕事がいかに大変なものであるか身にしみて感じて居ります。本社あたりからの噂によりますと、小生がブラジル、オーストリアを終えてしまうと次の仕事が待っていると言われて居ります。確かに世界中を飛び歩けるのは結構なのですが、今のところうんざりして居ります。しばらくは日本国内での仕事をやりたいです。

実はここ暫く手紙が途絶えたのも以上のような事で落ち着いて手紙を書く精神的な余裕がなかったからです。小生の場合、幸いにして君とか子供達を安心して預けられるところがあるのでその点に関しては非常に感謝して居ります。

ただ今小生が最も心残りな事は勿論君に一日も早く会いたいという事もさる事ながら、敬子が小学校へ入学する晴れ姿を見られず、それを一緒に祝ってやれないと言う事です。敬子と小生の間で一生に一度しかないその機会を失うという事が小生にとって何よりも悲しいです。従って君の言うように歌子は鹿児島に臨時に籍を移し、両方のおじいさん、おばあさんに見守られながら原良小学校に入学出来るようにして下さい。

敬子には父親がいないという淋しい思いをさせないで下さい。会社の仕事というものは非情なもので、このような私的な感傷をはさむ余地を全く与えてくれません。皆に、もうすぐ会えるという期待を裏切ってしまいましたが、しばらく君も我慢して下さい。小生とて君以上に切ない思いをしています。

その後の小生の予定が分かったら連絡します。どうか体だけは気を付けて下さい。

子供たちには健康な明るい毎日を送らせて下さい。小生も体には十分留意して居ります。

薬師町の母及び永吉町のお父様、お母様にくれぐれも宜しく伝えて下さい。先日、永吉町のお母様からお手紙を受け取りました。返事は差し上げませんがお礼を伝えて下さい。さようなら

二月十八日夜　　正一

この手紙によって私ははじめて夫の仕事のことを知りました。夫は今まで、会社のことは一言も私に話しませんでしたから、ただただ驚いてしまいました。

人間、口では言えないことも、文章にすれば、スムーズに相手に意思を告げることが出来るのだということをつくづく思い知らされたのです。特に日本人の夫は妻

に対してあふれるばかりの愛情があるのに、それを上手に伝えていない人がほとんどではないでしょうか。私だって一度ぐらい、うそでもいいから夫に「愛しているよ」と言われてみたかったです。そしたらまた家庭の情勢も変っていたかも知れません。そこで、私は今になって考えるのですが、夫婦は年に三回は手紙《ラブレター》のやりとりをしたらどうでしょうか。結婚記念日、夫の誕生日、妻の誕生日のプレゼントも結構だとは思いますが、日頃口で言えないことを手紙にしてみたらどうでしょう。家庭にうるおいが出来、明るい家庭になっていくこと間違いなしと信じます。ひいては家庭が明るくなると社会が明るくなり、全てが和やかになっていくと。

昭和四十八年四月五日、満開の桜のもとで敬子は、目を輝かせながら原良小学校の入学式に臨みました。緊張していましたが、幼稚園からの友達も一緒でしたので楽しそうでした。そして早速、ブラジルの父親に手紙を書きました。

おとうさま、おげんきですか。
けいこもげんきではらしょうがっこうにいっています。
五くみ、さかうえせんせいです。
のりこもたまよもげんきでおりこうにしています。
おとうさまはとおいところにいって、おしごとをしてえらいです。
おとうさまますきですよ。
がいこくのひとたちによろしく。
さようなら。
四がつ二十五にち　　けいこ

一学期が終わり、夏休みに入ったある日、夫から電話がありました。八月の末には帰国出来るとのことでした。そして、次の任地は東京本社だと言います。鹿児島の実家で一年足らずを三人の子連れで過ごしましたが、両親や弟たちへの感謝の気持ちは、生涯忘れ得ぬものとなりました。

第九章　東京へ

昭和四十八年の八月はとても忙しい月でした。夫が八月中旬にブラジルから帰ってきたのですが、すぐさま東京本社に転勤ということで八月二十六日に引っ越しをしました。

東京での住まいは、世田谷区の経堂にある会社の社宅でした。経堂は小田急線で新宿駅から各駅停車に乗り、当時は二十五分の距離にありました。社宅は静かな住宅街の中にあり、隣には子供たちの格好の遊び場となる大きな公園もありました。我が家は三階建ての二階の一番端でしたので、ベランダに出ると公園で遊んでいる子供たちの姿がよく見えました。

社宅から五、六分歩くと大きな商店街があり、何でも揃っていましたので、これまでの生活とくらべて便利さに嬉しく思いました。大竹市や鹿児島市とは全く環境が違います。車は運んで貰いましたが、ここでは無用の長物となりました。夫は電車で通勤しましたので、東京とはこんなに便利なところなのだとつくづく思うのでした。

問題は、長女の敬子の小学校のことでした。東京へ移り住んだその翌日に、さっそく小学校を見に行きました。校門には『世田谷区立桜丘小学校』とありました。その校門を見て、長女の敬子が嬉しそうに「私の学校だ！」と言いながら手を叩いたのです。すると家族五人が頷き合いながら手を叩きだしたのです。

「お姉ちゃんの学校だね」

と、三女の珠代が言います。

「珠ちゃん、私たちもこの学校に入るんだよ。お姉ちゃんの先生はどんな先生かなあ」

と、次女の典子も自分のことのようにはしゃいでいます。子供たちは目を輝かせて、とても楽しそうにしていました。子供たちのこの姿を見て、私も何となく安心しました。と言いますのは敬子のことでした。敬子はこの年の四月に鹿児島市の原良小学校一年生に入学したばかりでしたが、たった一学期だけ通い、転校しなければならなくなったのです。幼稚園、小学校の仲のいい友達と別れるのは悲しいことだっただろうと思います。

それが今、こうして校門の前に立って嬉しそうにしているのです。

この敬子の姿を見ながら、私は自分の小学校一年生の頃のことを思い出していたのです。私は昭和二十一年に国民学校一年生に入学しました。（当時の小学校は昭和十六年四月から昭和二十二年三月まで「国民学校」と改称されていたのです）

四月一日、桜の満開の日に入学式は行われました。この小学校には講堂がなかったので、校庭の桜の木の下で校長先生のお祝いの言葉を聴いたのです。その校長先生は私の父でした。私は家でよく父に叱られていましたので、朝礼台の上からにこやかな顔でお祝いを述べる父が、不可思議な他人の顔に見えて、恥ずかしかったことを今でも鮮明に覚えています。

私は、中学校を卒業するまでの九年間のうち、七年間は父が私の学校の校長でしたので、とてもいやな思いをしました。母は、保護者会で夫である校長の話があるときは、学校に行きませんでした。父の畏まった話を聞くのがいやだったそうです。

昭和二十一年のその頃は太平洋戦争が終わったばかりで、食糧はおろか学用品もなく、ノート代わりにわら半紙を使っていました。そのわら半紙に自分で線を引かなければなりませんでした。私は不器用でしたので、上手に引けず困っていました。また消しゴムは粗悪品で、字を消していると、ザラザラしたものが混じっているために紙が破れるのです。

現在では児童はランドセルを背負って登校しますが、あの頃は風呂敷包みか手製の物に学用品を入れて学校に通いました。私は、母が帯をほどいて作ってくれた鞄を提げて登校していました。その鞄のふたを開けると、裏側に父が墨で「母心」と書いてくれてありました。また、学校に着て行く服は母の着物から作ったものでした。履き物は下駄か藁ぞうりを履いていました。

今、あの時代を振り返ってみますと、不自由な生活でしたが、私だけでなく皆が同じように暮らしていましたので、それが当たり前だと思い、不満など無かったように思います。親に作って貰って大事にしながら着た洋服の柄や色合いを、今でもはっきりと覚えています。

そのことは食べ物についても同じでした。食糧難の時代でしたので皆が飢えていました。少しの食べ物を家族全員で分け合い、ゆっくりと味わいながら食べました。母親たちは乏しい食材を工夫しながら、家族のために苦労したのだと思います。どの家でもその家の味というものがありました。祖母から母へ、母から娘へと味は受け継がれていったものです。

私は父より先に母を亡くしてしまいましたが、帰省したときに夕食を作ると「お母さんの味と同じだね」と、よく父に言われたものです。その言葉が嬉しくて、台所に立つのにも張り合いがありました。

さて、敬子はこの年の二学期から桜丘小学校の一年生に転入しました。担任の先生や同級生ともすぐ仲良しになり、母親の私もほっとしていました。

学校では一学期間に一、二回授業参観日があり、保護者会もありました。敬子は積極的に手を挙げたりする子供ではありませんでしたが、私はいつもこの日を楽しみにしていました。親が子供の通う学校に顔を出すということが、大切な意味のあることだと思っていたからです。

私の小学校時代は、学校で教わることだけが唯一の情報源だったのです。現代のようにテレビもなければ小学生新聞もありませんでした。ですから学校で習ったことが嬉しくて、必ず復習してから遊びました。校長住宅は学校の隣にありましたので、校庭が遊び場だったのです。このようなこともあって、小学校にはなんとなく郷愁のような感情を抱いていました。

敬子が手を挙げて活発に発表しようがすまいが私にはあまり関係なく、学校そのものに行くこと自体に意味があるのだと思っていました。

ある授業参観日のことでした。夕食時にその日のことが話題になりました。

「お母さんたちがいっぱい来ていたわね。敬子ちゃん、緊張したでしょう？」

「私はね、後ろのお母さんたちをちらちら見ていたから、先生のお話をよく聴いていなかったのよ」

「先生のお話だけはよく聴いていないと、お勉強がわからなくなるわよ」

「だって敬子はね、お母さんたちを見ているのが面白いの。髪の毛がね、まっ茶色のお母さんが五人もいたよ」

「数えたの？　敬子ちゃん」

「数えたよ。ママ、あのお母さんたち可哀想だね」

「どうして可哀想に思うの？」

「いつもママが言うじゃない。ワカメを食べないと髪の毛が黒くならないよ、と。あのお母さんたちは小さいときにワカメを食べなかったから、あんなになったのでしょう」

「さあ、どうでしょうね」

「きっと、そうよ。ママ、あのお母さんたちに教えてあげたら」

と、さも大事件のように言うのです。これまで私の子供たちは、髪の毛をこんなにまで染め上げている大人たちを見たことが無かったのです。ですから、敬子の目には異様に見えたのでしょう。

敬子は幼児の頃からワカメなど海草類が、余り好きではありませんでした。それで私は口癖のように「ワカメを食べないと髪の毛が黒くならないのよ」と、言い聞かせていたのです。子供の好き嫌いを無くするために教えてきたことでしたが、今回の敬子の疑問に何と説明をしたらいいのか困ってしまいました。「東京のお母さん方はお洒落のために、黒い髪をわざわざ茶色く染めていらっしゃるのよ」と教えようと思いましたが、大人のファッションを小学校低学年の子供が理解出来る筈がありません。

　そこで、今日のこのことを夫にも話してみようと思いました。私たち夫婦の関係は以前と微妙に変化していました。夫がブラジルから帰国して以来、会話もよくするようになりましたし、夫は一方的に怒るようなこともなくなりました。私や子供たちに対しても、優しい声を掛けるようになりました。外国住まいを一年間もしましたので、「レディーファースト」の精神が身に付いたのだと思います。彼の持論の「男の美学」を捨てたわけではないでしょうが、以前の夫とはどこかが違うと実感していました。

　また私自身も、女手一つで強がりを言いながら、夫がブラジルへ行っている間、三人の子供たちを実家に居候しながら育ててきましたが、やはり頼りになるのは夫であり、また子供たちにとっても父親の存在は大きいものであると、しみじみと感じるようになっていました。子供たちが成長するに連れて父親の役割の重要性も分かってきました。以前、夫に対して心の隅で反発心を持っていた私が、「苦しい時の夫だのみ」と独り言をいうようになったのもその頃です。

子供たちが寝静まってから、今日の授業参観の様子を夫に報告しました。そして、敬子の疑問にどう答えたらいいのか悩んでいることを話しました。

「そんなことに悩むことはないよ。ほっとけ、ほっとけ。女の子だから自然と今に分かるようになるよ。いちいち答えて、事をむずかしくする必要はない。ほっとけ、ほっとけ」

と、子供らしい敬子の疑問を楽しんでいるように、笑いながら言うのです。

「鹿児島にはテゲテゲという言葉があるだろう。あの精神が子育てにも必要だ、と僕は思うよ」

夫の口から「テゲテゲ」の言葉が出てくるとは驚きでした。これまで、物事を四角四面にとらえて「男の美学」を云々してきた夫が、「テゲテゲ」精神の大好きな私に向かって「テゲテゲ」は良いことだよと言ったのです。このとき、私は、肩から重い荷物が取れて体が軽くなったような気持ちがしていました。そして同時に、夫の心情を理解しないでじゃじゃ馬のように振る舞ってきた自分に対して、ちょっぴりと反省をするのでした。

鹿児島弁の「テゲテゲ」は、標準語に直そうとしても当てはまる言葉が見つかりません。薩摩の人達は体験でこの言葉を習得し、使用しているのだと思います。「過ぎたるはなお及ばざるが如し」の格言がありますが、その意味は「何事も程度を超すのは、足りないのと同じでよくないことである」です。そのようにならないために「テゲテゲ」なのです。人間は余り畏まりきちんとし過ぎてもいけないし、余りだらしなくてもいけない。「テゲテゲ」で人生を過ごして行かないと、張り詰めたゴムがプッツンと切れてしまうという、人生哲学の言葉なのです。

明治維新の立て役者の一人、長州出身の木戸孝允が亡くなるときに、「西郷さんもほどほどにしておかれれば良かったのになあ」と、おっしゃったそうですが、なるほどと思います。西郷隆盛はあまりにも頑張り過ぎて、あまりにも几帳面に生きられて、あのような最期を遂げられたのだと思います。

薩摩の武士道の精神にはもともとこの「テゲテゲ」という言葉がありません。まっしぐらに突き進むしかないのです。「示現流」「自顕流」という薩摩独特の剣法が示しているように、攻めの技だけで守りの技がないのが特徴です。その意味合いからも、薩摩人が後世なぜ「テゲテゲ」という言葉を大事にしているか、奥の深さを感じます。それは西郷隆盛に教えられた薩摩の智恵でもあるのです。人間完璧だけを望むといつかその糸はプッツンと切れることが目に見えています。私は改めて「テゲテゲごころ」のすばらしさを認識いたしました。

第十章　ＡＴＭを家に買おうよ

東京に転勤になってから、生活は全て便利になりました。大竹とは較べようがないほど、それは、それは、生活が楽になりました。

一つには、三人の娘たちがだいぶ手がかからなくなったということもありますが、車で隣の県までケーキを買いに行かずとも、五分も歩けばケーキ屋さんがありましたし、銀行も駅の前にはいくつもあったのです。しかも、カードを入れるとすぐ貯金を下ろせるという、便利な生活になっていました。

明日が給料日という日のことでした。一ヶ月の生活費が底を尽きそうでしたので、私は千円下ろすことにして、列に並びました。もちろん娘たちも連れていったのです。私はどうしても、三人だけで留守番させるということが不安でしょうがありませんでしたので、まだ不慣れな東京では、ほとんど連れ歩いていました。

やっと私の番になりました。私は暗証番号を押して千円を出しました。

やれやれ、これだけあれば今夜の食事が出来る、と思い安心したときのことでした。

「ママ！　今日はどうして、この機械は千円しか出てこないの？」

と、典子が大きな声で言ったのです。周りの並んでいる人々がいっせいに私たちの方を見ます。

すると、敬子が、

「ママ、この機械を家にも買っておこうよ。そしたらいつでも使えるし、並ばなくてもいいのになあ」

と言ったのです。典子と珠代も、そうだ、そうだと、手をたたいて賛成していました。

何と子供は純粋なのでしょう。この機械さえあれば、お金はいくらでも出てくると信じているのです。それこそ「ドラえもん」のポケットと同じように考えていた

のでした。残高がないので、千円しか出ないのだということなど、全然分かってい
ないのです。
この頃になりますと、子供たちも、一万円と千円では、一万円の方がたくさん物
が買えるということは、うっすら分かっていたようでした。
大勢並んでお金をはき出すこの機械は故障してしまった、と思い込んでいたので
しょう。
「家にあると便利で、ママは並ばなくてもいいよ」
と一番小さい珠代までが言ったものですから、またも周りの人々に笑われてしま
いました。
やっと今日までもった一ヶ月の給料でした。ひやひやして下ろす私の胸の内など、
子供たちには何一つ分かってはいなかったのです。当時は、千円あると普通の夕食

の仕度は出来たものです。

例によって例のごとく、夜、夫にこのことを話しましたら、私はしっかり夫に叱られてしまいました。

「千円だけでも残っていたから良いものの、それではあまりにも計画性がなさ過ぎる。しっかり考えて生活しなさい。余裕のない生活をしては駄目だ」

ということでした。

本当に夫の言うとおりなのです。

「ごめんなさい。これからはよく考えて、お金は使います」

と詫びを入れて、何とかその日は暮れました。

この頃からです。我が家にもう少し、何かの収入があれば良いのになぁ、と思いはじめたのは。

第十一章

ママのアルバイト

昭和五十年四月、次女典子は小学校に入学しました。当時は児童数が多くて、一年生は七クラスもありました。桜丘小学校は、名前のごとく桜の木の多い学校でした。入学式のこの日は、学校を取り巻くように桜が満開でした。入学式は体育館で盛大に、それでいて粛粛と行われました。

典子は、姉の敬子が通っている学校に一緒に通学できることを大変喜んでいましたので、とても嬉しそうにしていました。緊張しながら式に参加している我が子の様子を、私は後方の保護者席から眺めていましたが、いろいろなことが思い出されて、熱いものが目頭に浮かんでいました。

担任は横川先生という男の先生で、教育熱心な態度が保護者からも信頼を得ていました。典子はすぐ先生にも慣れて、友達とも仲良しになり、毎日の通学が楽しそうでした。長女の敬子はこのとき、三年生に進級していましたが、お姉さんらしく妹の面倒をよくみてくれました。

典子はピアノの他にも声楽を習いたいと言いますので、幼稚園のときから習っていた先生に、引き続きご指導を受けることにしました。先生のご指導が良かったものですから、見る見るうちに上達していきました。年に一度の発表会がありましたが、歌の好きな私にとっても、楽しみがまた一つ増えました。

ある日、横川先生から電話がありました。

「典子さんに雑巾を持ってくるように言いましたら、お父様のシャツを持ってきましたよ。それでいいのでしょうか？」

「ええっ、シャツをですか？」

「はい、そうです。古いお父様のシャツのようです。両方の袖を切ってありますよ」

「両方の袖を切って……」

「はい、そうです」

私は動転しました。

「済みません。私が雑巾を縫ってやるのを忘れていました。申し訳ございません」

「いいえ、そんなにご心配なさらないでもいいのですよ」

「先生、お知らせ下さり、ありがとうございました。さっそく、雑巾を縫って明日持たせます。誠に済みませんでした」

私の背中には冷や汗が流れ、顔からは火の出る思いがしていました。

冷静になって考えてみますと、典子が雑巾のことを言っていたような気がします。それを、私が忙しさにかまけてしっかりと聞いてやれなかったのです。また、典子は私の当時の日常の忙さを知っているものですから、母には雑巾を縫う時間もないのだと、自分なりに解釈して、このような処置をしたのだと考えました。

子供は親のすることをじっと見ているものだと、つくづく思い知らされました。我が家の雑巾は、父親の着古したシャツを利用することが度々ありました。袖は邪魔になりますので切り落とし、針でしっかり縫わないで使うこともありました。その私のいい加減さを小学一年生の典子が真似ようとしたのです。

その頃、私は子育てや家事だけでなく、アルバイトの仕事をしてみたいと思っていました。その理由には経済的なこともありましたが、三人の子供たちの育児に手がかからなくなってきたからです。また、家の中だけに引きこもっていないで、社会ともつながりを持ちたいと考えるようになっていました。私は結婚前、教職に就いていましたので、教育関係のアルバイト的な仕事を探していました。そういう矢先に、新宿区の私立の女子高校から国語の非常勤講師の話が舞い込んできました。

私は気乗りがしていたのですが、そのことを夫に相談しますと、まだ三女の珠代は来年が入学なので家を空けないでくれ、と反対されました。そこで、家の中で出来るような仕事を探しました。すると、旺文社の「大学入試の模擬テスト」の採点の仕事が見つかり、早速始めました。

この仕事は、採点を家の中で行い、期日内に神楽坂の旺文社に届けなければなりません。正確さと迅速さを必要としました。締切日にいつも追われているような仕事ですので、夜遅くまで働かなければなりませんでした。子供たちの目には、いかにも忙しそうに見えたのでしょう。典子は、仕事に夢中になっている私に催促することなく、自分で決めて行動したのでした。そのことが分かり、知らず知らずのうちに子供たちに心配を掛けていたことに気付き、反省しました。

私の母親が口癖のように言っていることがありました。

「親は子の鏡だよ。いい加減なことをする親の子はいい加減なことをする子供になってしまうのだよ」

まさしく今回の事件はその通りだったのです。雑巾はタオルの古い物をきちっと針を通して縫って使用しなければなりません。そのことを私が怠っていたのです。

今日のこのことを夫に怒られる覚悟で話をしました。ところが、夫が笑い出したのです。

「そうか、それはよかった。パパの着たシャツは古くなっても役に立ったのだね。それで典子の教室を磨くのだから、皆、お利口の子供になるよ」

私にしてみれば、意外な言葉が返ってきたのです。

「雑巾は雑巾だよ。きれいに縫わなくてもよいのではないか。それよりもそれを使っていかにきちんと拭き掃除をするかの方が問題だよ」

　以前の夫でしたらこのような言葉が返ってきたでしょうか。カンカンになって一方的に怒った筈です。夫はブラジルから帰ってきてから、家族に対して優しくなりました。妻の私を励ますような言動に、はっと驚くようなこともありました。夫婦の関係も、子供の成長と同じように成長していくのかもしれません。

　私たちの夫婦の会話を側で聞いていた長女の敬子が、突然、ランドセルの中から黄色いタオルを出して言いました。

「あのね、私も先生が雑巾を持ってきなさいとおっしゃったの。それでね、このタオルを持っていったのよ。そしたらね、お友達はね。……皆、ママがきれいに縫ってあるものを持ってきてたの。私ね……私ね。……ママが旺文社の……」

「敬子ちゃん、ごめんね。それで、どうしたの？」

　敬子は、今にも大声で泣き出しそうになっている感情を、必死になって押さえているようでした。そして、小さな声ではありましたが、はっきりとした口調で続けて語り始めたのです。

「ママが、旺文社の採点で忙しそうにしていたので……縫ってないまま持っていったら、先生が、これでは駄目とおっしゃったの。それで持って帰ってきたのよ。ママ、……私と典子の雑巾を今晩、……縫ってね。……きっとよ」

ここまで言うと、敬子は大声で泣き出したのです。そして、典子も一緒に泣き出したのです。

「敬子ちゃん、典子ちゃん、ごめんなさいね。ママが二人に辛い思いをさせてしまったのね」

私は二人を抱きかかえながら謝りました。

「敬子ちゃん、典子ちゃん、ママがどんなに忙しくても学校の方が大事だから、今度からは、はっきりとママに言ってね」

　すると、夫も、

「敬子も典子もやさしいね。忙しいママを思いやる、やさしい子供になったね。えらいぞ。ママが今晩、雑巾を縫ってやるから心配しなくていいよ。さあ、もう泣くのはお止し」

　と言って、二人の頭を撫ぜながら褒めてくれました。そして、私に対しては小言など一言も言いませんでした。

　現代は共働きの家庭が増えていますので、母親は益々、多忙になっていると思います。その中で、子供たちは家庭の一員としての自分の役割をしっかりと認識して、身に付けていくのではないでしょうか。

　昭和五十一年四月、三女の珠代が二人の姉たちの通っている小学校に入学しました。いよいよこれで、三人の娘たち全員が小学生になってくれたのです。私はこの日を楽しみにして待っていたのです。これで、やっと楽になると思うと、大空に飛んでいきたいような気分になっていました。

夫と三人の子供たちが出払った後、初めて一人になった私はお風呂を沸かしました。一人でお風呂に入るのが、私の夢だったのです。ゆったりとした気持ちで風呂に入っていますと、一人の母親として育児、子育てに追われていた十年近くのいろいろな出来事が、走馬灯のように思い出されてくるのでした。

三人目の珠代が生まれる前のことでした。七、八ヶ月目に入ると、私のおなかはびっくりするほど迫り出してきました。次女の典子はまだハイハイ時期ですので歩けません。当然、外出するときは抱かなければなりません。そこで、私は迫り出したおなかの上に典子を乗せて、抱くことになったのです。

「おなかの中の赤ちゃん、ごめんね。典子お姉ちゃんを乗せてあげてね」

と言いながら、おなかを擦ってから典子を抱きました。すると、敬子が羨ましそうに言うのです。

「ノンちゃんのお椅子はママのおなかだね！」

おなかの中の子供には重いだろうなあと、申し訳ない気持ちになりました。しかし、私には丈夫な子供が産まれてくるという確信のようなものがありました。妊婦に対して、体重をあまり増やさないように、という指導をなさる先生がいらっしゃるようです。私の経験からは、三人とも大きく産みましたが、決して間違いではなかったと思っています。自分よがりの考えかもしれませんが、おなかの中の赤ちゃんが、「ママ、おなかがすいたよ。もっと食べてよ！」と、言っているような気がしたのです。

つい最近、あるテレビで小児科医の先生が「おなかの中の赤ちゃんは大きくしてはいけないというのは間違いだ」と、おっしゃっているのを観たことがありますが、その通りだと思います。私の三人の娘たちは三人とも、四キロ以上の体重で出生してきたのです。その三人はもう四十代になりましたけれども、病気らしい病気はしたことはありません。


昼間からのんびりとお風呂に入り、一人で自分の時間が持てるということはなんといいことだろうかと、感慨に耽っていましたが、私は頭の中で次の一手を考えていました。

これまでに乳児期、幼児期の育児はなんとか頑張ってきて、三人の子供が無事に小学校に上がることができてほっとしていましたが、子供たちの躾はこれからが大変だと思い巡らしていたのです。数年もしたら、私の子供たちは思春期を迎えることになります。家庭の中で両親と子供たちがバランス良い関係を保ちながら暮らしていくには、どうすればいいだろうかと考えていました。

家庭の中心は父親です。母親の私の役目は家族の舵取りになることでした。何事もきつく縛ってはいけないし、また緩めてもいけないので、その辺の我が家の教育理念を子供たちに示そうとしたのです。

母親である私が朝、まず最初に起きます。三人の子供たちも父親よりも先に起床します。そして最後に起きてきた父親に対して、女性四人で「お父様、おはようございます」と、朝の挨拶をしようと決めたのです。三女の珠代の小学校入学を機に、このことを子供たちともしっかりと約束しました。たった一つだけの「きまり」でしたが、子供たちはしっかりと守り、頑張ってくれました。

それを一番喜んだのは夫でした。我が家で一番最後に起きてきて、女性四人に「お父様、おはようございます」と言われれば、悪い気はしなかったと思います。その証拠にいつも笑顔で朝御飯を食べていました。私は、夫を笑顔のままに会社へ送り出したいと考えるようになっていたのです。

この頃から我が家では、パパ、ママの呼び名が、お父様、お母様に徐々に変わっていきました。

三人の子供たちと約束した我が家の「とりきめ」は、本当に良かったと思います。このことは三人の娘たちが中学校入試の両親面接の折、私たち夫婦が学校側に応答するのに役立ちました。

「そちらのご家庭では、お嬢様をどういうことに気を付けながらお育てになりましたか」

と、必ずシスターに聞かれました。

「はい、私の家での躾としましては父親よりも早く起きて、『お父様、おはようございます』と、元気良く挨拶することです」

「ほほ……、そうですか、それはいいことですね。ほかには？……」

「まだ、ありますが、このように挨拶ができることがすべてだと考えています」

「はい、よくわかりました」

子供だけの面接でも同じような質問を受けて、三人の娘たちは我が家のささやかな「きまり」を胸を張って答えたそうです。

第十二章　楽しい運動会

小学校一年生になった珠代は、二人のお姉さんたちの手助けもあって、いつも楽しそうに通学していました。珠代については第五章でも触れましたが、幼児の頃から感性の働く子供でした。二歳になったばかりなのに、他の新聞と混じっているその日の新聞を見分けて父親に渡すことができました。見分けるというより、嗅ぎ分けると言った方が合っていたかもしれません。まだ字を読めない彼女は、新聞の印刷の匂いで新旧を区別していたようです。

子供の発想は面白くて、大人の考えも及ばないところがあるようです。母親の私自身が子供たちに教わったことが数限りなくあります。大人は何十年も頭を使っていますので、思い込みで頭がカチカチになっています。それで、なかなか新しい発想をすることが不得手になっていると思います。それに対して、子供は物事を柔軟にとらえますから、面白い発想が出来ると思うのです。

その珠代は運動、特に駆けっこが苦手だったのです。苦手というよりも、のんびり屋さんだったのです。

一年生の五月に運動会がありました。昔は、運動会は秋の十一月と決まっていました。それがこの頃になると、五月に運動会を行う学校も増えてきていました。学校行事が二学期に集中しないようにとの配慮からだそうです。運動会では個人競技、団体競技、団体演技が行われます。珠代たち年生の個人競技は六十メートル走でした。クラス毎に五、六人で駆ける徒競走です。お互いに順位を競うのですから、誰もが一等を取りたいと思うはずです。それが珠代の場合は違っていたのです。

運動会の当日、私たち夫婦も、お弁当を持って応援に出掛けました。敬子が四年生、典子が二年生、そして珠代が一年生でしたので、その学年の競技や演技の順番がきますと、夫婦で我が子の姿を探しました。そして声も嗄れんばかりに声援を送りました。勝っても負けても、我が子が一生懸命に活躍している姿を見ると、涙が出るぐらい嬉しいものです。私の周囲の保護者の方々も、歓声をあげながら応援をしていました。

敬子と典子の徒競走は午前中に終わりました。二人ともそれなりに良い成績でしたので表情も明るく振る舞っていました。

昼休みの時間となり、家族で円陣をつくり、お弁当を食べました。

「珠代ちゃん、お姉ちゃんたちのように駆けっこ頑張るのよ」

と私が珠代に声を掛けました。午後のプログラムの最初が一年生の徒競走だったのです。

「ママ、心配しないで。私一生懸命に駆けるから」

と言って、珠代は屈託もなく笑うのです。その笑顔を見ていると、自分なりに頑張ろうとしているのだなあ、と思いました。

そしてそのときがきたのです。白線がまばゆいばかりに午後の運動場に引き直されました。合図のピストルが鳴り、一年生の徒競走が始まったのです。新入生の一年生とあって、応援の歓声も一際大きく響きます。母親である私の胸を高鳴ってきました。

珠代たち女子六人のグループがスタートラインに並びました。珠代も位置につきました。先生の合図のピストルの音が怖いのでしょうか、前方を見ないで、先生の方を恐る恐る見ている子供もいます。

パーン！

子供たちが一斉に飛び出しました。珠代は後方を走っています。他の人に先を譲っているようなしぐさをしているのです。私は思わず大声を出しました。

「珠ちゃん、何をしている。走れ！　もっと走れ！」

なり振りかまわず、ありったけの声で叫びました。最後の方の珠代は、ゴールの前でやっと一人を抜きました。六十メートルと短い距離でしたが、応援する私にとっては長い時間のように思われました。このような結果になることはある程度予想はしていましたが、ちょっぴりと悔しい思いがしていました。

その夜のことです。家族皆で食卓につきました。運動会の話で賑やかな夕食となりました。敬子も典子も、自分が頑張ったことや悔しかったことを興奮しながら話していましたが、珠代の徒競走の結果については触れようとしませんでした。きっと、妹を思いやっていたのだろうと思います。珠代はにこにこしながら二人の姉の話を聞いています。その様子を見ながら、私は、「この子は駆けっこがビリになっても悔しいと思わないのかしら」と思ったほど、おおらかでした。

「珠ちゃん、どうしてもっとはやく駆けなかったの？　一生懸命駆けなかったのでしょう」

つい、私の口から小言のような言葉が出てしまいました。

「だって、……」

と言ったまま珠代は黙りこんでしまいました。楽しい団欒がぷつりと切れたような、気まずい雰囲気が部屋に漂いました。〝後悔先に立たず〟、でした。

そして翌朝、私は驚いたのです。

キッチンで朝食の支度をしていました。すると突然、私の背後で明るい声がしたのです。

「ママ、おはよう」

振り向くと、珠代でした。

「珠ちゃん、こんなに早くどうしたの。まだ寝ていていいのよ」

「ママに見せたいものがあるの」

珠代は絵日記帳を私に差し出しました。小学校に入学してからまだ二ヶ月も経っていません。彼女は姉たち二人の真似をしながら、絵日記帳を書き始めていたのです。差し出された頁を見て驚嘆したのでした。私は今でも、当時の子供たちの作文や夫の手紙などを、「メモリーちゃん」と一緒に保管しています。珠代のこの日の日記には次のように書いてあります。

うんどうかい
わたしはかけっこが五ばんでした。

一ばんのひとはどこへはしっていくのか、
じぶんできめなくてはならないからたいへんだなあ。
とおもいました。
わたしは、みんなのうしろをはしっていったので
あんしんしました。
五がつ二十四にち　　　はれ

一つ一つのマス目に大きな字でしっかりと書いています。珠代のこの文章を見て、一瞬、眩暈を覚えました。何と純粋な気持ちなんだろう。その珠代の気持ちも考えずに、親のエゴをむき出しにしていた自分を恥じるのでした。

「珠ちゃん、いつ書いたの？」

「夕べ、眠る前に書いたの。ママに見てもらいたかったの」

「珠ちゃん、ごめんなさいね。こんなことを思いながら駆けたのね」

私は珠代を抱きかかえながら泣いてしまいました。我が子の優しさを見抜くことのできなかったことを、深く反省するのでした。

第十三章　助け合う娘たち

年が明け、二月の寒い日が続いているある日のことでした。早朝、二年生の典子の担任の横川先生から電話を頂き、一瞬びっくりしました。

「お母さん、典子君がこんな寒い日に上履を履いていないのですよ」

「ええ！　上履を、ですか？」

「そうです。どうして上履を忘れたのかと聞きましたら、忘れたのは妹だと言っています」

「はーっ……、どういうことでしょう？」

「妹の珠代君が今朝、上履を忘れたので、貸したということです。典子君が可哀想ですから、珠代君の上履をすぐ持って来て下さい」

上履は、学校で一週間履いたら、土曜日に持ち帰って家で綺麗に洗い、月曜日に上履入れの袋に入れて学校に持って行きます。確かに珠代の靴だけが玄関の棚の上に置き忘れてありました。三人一緒に登校するときに確認をするようにしているのですが、忘れたのです。私は早速届けに行きました。

その日、珠代は昇降口の靴箱の前で、上履を忘れたことに気付いたそうです。そこで、姉の典子に相談に行きました。典子は咄嗟に自分の上履を妹の珠代に貸しました。教室で足を冷たそうにしている典子の姿を担任の横川先生が目にして、電話を下さったのでした。

典子と珠代は十一ヶ月しか年齢が離れていません。洋服も靴もほとんど同じようなサイズなのです。買う私にとっては大変便利でした。お揃いの同じ物を二つ買えばよかったのです。ですからこの日もそれが役に立ったのです。「珠ちゃん、靴を履かないと冷たいから、これを履きなさい」と、自分の履いていた靴を脱いで妹に貸してやったに違いありません。その夜、妹思いの優しい行動を夫と一緒に褒めてやりました。

私の三人の娘たちは、年齢はくっついていましたがあまり喧嘩はしませんでした。そして、お互いが困っているときなど、助け合ったり、少しの食べ物を皆で分け合って食べるなど、その微笑ましい行動に母親の私が癒されることもありました。

旺文社の「大学入試の模擬テスト」の採点のアルバイトは、結構忙しい仕事でした。期日内に仕上げて、届けなければなりません。一寸の時間も惜しみながら、家の中で採点をするときもありました。そういうときでした。

「ママ、私にご飯の炊き方を教えて下さい」

十歳の長女の敬子が言い出したのです。

「そうそう、それにお味噌汁の作り方も教えて」

とても真剣な顔をして言うのです。

「敬子ちゃん、本当にやる気があるの」

「そうよ。ママ、私やってみる」

「そう、だったらママ、助かるわ。教えて上げましょう」

ということになり、米の分量とお米の研ぎ方、水の分量と電気炊飯器の操作など順序よく教えました。敬子は直ぐに覚えて、二、三日すると、とても美味しいご飯を炊けるようになりました。

ただ、味噌汁作りだけは厄介でした。何しろ、野菜を包丁で切るところから教えなくてはなりません。子供ですから、包丁を使うと手を切る心配がありました。でも、それを心配していては味噌汁が出来ません。最初は切れ味の悪い包丁を使わせました。左指の第一間接を曲げて野菜を切ることを教えました。最初は大きく切ったり、小さく切ったりと不揃いでしたが、指も切らずに上手になっていきました。

「私たちはお野菜を洗う係りになるわ」

二人の妹たちも手伝いをしてくれるようになりました。流しの回りをびしょびしょに濡らして野菜を洗ってくれるのです。最初から上手に出来るはずはありません。ここは母親がじっと我慢して教えなければいけないと思いました。

三人が作ってくれる味噌汁は大変でした。大根の切り方はまちまちで、お豆腐は大きく切ってあります。また、味はうすかったり濃かったりで、ひいき目に見てもよく出来たとは言えません。しかし、夫も私も娘たち三人を褒めてやりながら食べました。

娘たちの味噌汁作りで驚いたことがありました。

「ママ、ママ、大変、大変だよ」

三女の珠代が採点中の私を呼びに来ました。

「ワカメがボールからはみだして、流しいっぱいにふくらんでいるよ」

流しに行きました。三人の娘たちは驚いて目を丸くしています。ワカメが膨れ上がって流しいっぱいになっているのです。敬子に聞きますと、ワカメの味噌汁を作ろうと思って、乾燥ワカメを一袋全部水の入ったボールに入れたら、こんなになった、と言って泣きべそをかいています。

私は子供たちを慰めながら、ワカメが何倍も膨らむことを教えていなかったことを娘たちに詫びました。そして、このような場合の後始末の仕方も教えてあげました。子供はいろいろな失敗を重ねながらそれを学習して成長していきますから、様々な体験を年少時からさせた方がいいと思います。

話はこのときから十数年後のことですが、結婚した娘たちの家に食事に呼ばれたことが度々ありました。その当時、夫も元気で、娘たちの家で会食をするのを楽しみにしていました。

「敬子、お前の料理はお母さんと同じ味だね。旨い。美味しいぞ」

必ず、そう言いながら食べていました。褒められた娘たちも嬉しそうにしていましたが、私は別の意味で満足していました。

「そうですよ、お父さん。貴方はいつも男の美学を持ち出しながら、私を駄目女房と思っているのでしょうが、三人の娘の成長に満足しておられるのは、私が育てたからですよ」

と口にこそ出しませんでしたが、いつも胸を張っていました。

私の子育てについて振り返ってみますと、子育てには、子供が成長するに従って節目、節目があることが分かりました。そこに来たら立ち止まって夫婦でゆっくりと考えることが必要なのです。どういう方向に、どういう目的でこの子と共に生きていけばいいのか考えて、話し合ってみることが大切だと気付きました。

薩摩出身の私の場合は、例の「テゲテゲごころ」が大きなバックボーンとなっていたと思います。私の夫は、彼の持論である「男の美学」を生涯曲げないで持ち続けていました。そのことで意見の合わないこともありました。しかし、子育てについては、節目、節目になると大いに意見を述べてくれましたので助かりました。

子育ては、母親の「母性愛」プラス父親の「父性愛」があってこそ、車の両輪となり暖かな家庭が築かれるのです。そうです。夫即ち父親は、日頃は会社の仕事で忙しいのですから、節目、節目の出番にしっかりと「父性愛」を発揮して欲しいのです。子育てで苦労している妻、即ち子供たちの母親のために。

おわりに

未成熟な親相次ぐ虐待
十～二十歳代身勝手な動機多く

読売新聞　平成二十二年八月四日付

ごもっともな御意見だと、私もつくづく思います。

今でも、新聞記事で「虐待」の文字を見ない日はないほどです。

「幼な妻」という言葉は今に始まったことではなく、平安時代にはほとんど十代で結婚しますので、十代で子供を産むということは普通のことだったのです。それでは、昔と今は何が違うかといいますと、昔は「大家族」で、今は「小家族つまり核家族」になったことに原因があるように思います。昔のように、若い母親に育児、子育てのやり方を教え、やさしく見守ってくれる祖母や母親がそばにいないということが大打撃だと思うのです。

せっかく夫婦の愛の結晶としてこの世に生を受けながら、無知な親のもとで死んでいかなければならないということは、言語道断です。あってはならないとつくづく思います。

では、どうしたらこの現代社会の「核家族」の中で、育児、子育てを人並みにやっていったら良いのでしょうか。私なりに考えてみました。

第一に、「私は今日から母親になったのだ」ということを前面に打ち出すこと。そのためには「自分自身」ということを少し押さえなくてはなりません。人生は長いのですから、子供が育ってから自分の楽しみはいくらでも持てます。

第二には、「立派に育児、子育てをしよう」と思わないこと。「親はなくても子は育つ」という位ですから、子供の可愛い言葉やしぐさを楽しみながら、無償の愛を親は子に与えるだけで十分ではないでしょうか。育児ノイローゼになる方の大部分は、立派に育児、子育てをしようと思って、張りつめた糸がプッツンと切れてしまうのだそうです。

「子は宝」であると同時に、母親の「母性愛も宝」です。神様は人間をお作りになるときに、女性は妊娠中二つの命をあずかるのだからといって、男性よりも丈夫にお作りくださいました。その結果、女性は男性よりも平均寿命がはるかに長いのです。本当に有り難いことではありませんか。このことこそ「女性の誇り」だと私は思います。

女性の力、母親の力は無限大にあるのです。「母性愛」で子供が安心して暮らせる世の中にしたいものです。「虐待」など根絶して……。

子供は宝だと信じて昭和の時代を懐かしみながら、私の育児、子育てを振り返ってみました。人が子供を持つということは、最後は親が「子離れ」するところに行き着くと思います。「親離れ子離れ」言い古された月並みな言葉ですが、「言うのは易し行うは難し」で、ここに至るまでは我が家の三人娘も、中学生、高校生、大学生、就職、結婚と本書に書いたより後の方が大変だったかに思います。幸い女の子でしたので「親離れ子離れ」はスムーズにいきました。むしろ、離れすぎた位だと言っていいでしょう。

巷の話によりますと、男の子をお持ちのお母さんの方がスムーズにいなくて困っていらっしゃるようです。原因は母親が息子に対して、知らず知らずのうちに異性としての愛情を持つからだと思います。ひいてはそこに嫁、姑の確執も生まれてくるのだと思うのです。

私は専業主婦という立場でしたので、今節共働きの多い世の中では私の経験しました「子育てバトル」など何の意味もないかも知れません。けれども、「親が子を思う気持ち」だけは古く万葉集の時代も、私が子育てをしました昭和の時代も、そして平成、令和の現代も何の変わりはないと思います。

長い人生のほんの一時期が育児子育てに当てられていると思いますが、そこを「忍の一字」で頑張れば、後は自分のための時間はいくらでも作れます。それが何かを達成した実感だと思います。そしてそのことはとりもなおさず充実した余生を送ることにつながると私は信じています。

『銀《しろがね》も金《くがね》も玉も何せむに　まされる宝子に及《し》かめやも』

古い奈良時代の「万葉集」にある山上憶良のこの歌は、現代人に遺して下さったメッセージではないでしょうか。

（完）

あとがき

八十歳の傘寿を迎えるのを記念して、私自身の子育て記を纏めたいと思っておりましたが、多くの方々のご協力を得まして、ようやく上梓できました。皆様のご示唆やあたたかな後押しを賜り、感謝しております。

企画の段階から相談にのって下さった前橋竹之様。校正・校閲の須知正度様、谷口良子様。懇切丁寧なご教示を頂き感謝の念にたえません。

帯の推薦文を鹿児島大学名誉教授　原口泉　先生（大河ドラマ「篤姫」「西郷どん」の時代考証者）から頂戴致し、恐縮致しております。

さらに、装丁の中西啓一さん、イラストのシルビー美緒さん、出版にあたりましては、武蔵野デジタル出版牛田肇社長にご面倒をおかけしました。厚く御礼申し上げます。

令和二年八月

藤井　悦子

プロフィール

藤井 悦子

昭和14年鹿児島市に生まれる
鹿児島県立鶴丸高等学校卒業
鹿児島大学文理学部国文学科
高等学校教諭　学習塾経営を経て
現在「源氏物語を楽しむ会」主宰
　　「女性力研究会」主宰

テゲテゲごころの子育て記

発行日：2020年8月23日　初版発行
著者：藤井 悦子

企画：武蔵野デジタル出版㈱
装丁：中西啓一　イラスト・DTP：Mio Silvey

発行人：清水 伸
発行所：㈱博進堂
〒950-0807 新潟県新潟市東区木工新町378-2
電話 025-274-7755

発売所：㈱星雲社
〒112-0005　東京都文京区水道1-3-30
電話 03-3868-3270

ISBN978-4-434-27729-0　C0036